在通過試煉的腳步裡，先檢視自己的景況

創世記與我 ⑤

我曾經歷過哪些試探和試驗？

我是否已能掌握勝過試探和試驗的祕訣？

我的生命得以成聖到何等地步？

李 徹／著

目錄

序言

聖經的第一卷創世記共五十章，歷時長、敘事廣，神的計畫、旨意也甚為奇妙，作者細心分冊解析。參考本書，可以讓我們更清楚地透過亞伯拉罕、以撒、雅各、約瑟的生命和發生的事蹟，看見以馬內利的神今日如何在我們生命中顯明祂的心意。

前冊之要旨

《創世記與我1》**一至十六章**，探討神呼召「信心之父」亞伯拉罕，而他蒙召的屬靈環境，就是每個聖徒在每個時代蒙召的屬靈環境（參考創世記三章1～19節；以弗所書二章1～3節）；惟有透過基督十架救恩和與基督同死、同復活的信心（參考創世記三章15、21節；以弗所書二章4～7節），人才能得新造的生命和神所預備永遠無窮的恩福。

《創世記與我2》**十七至三十四章**，講述那位「亞伯拉罕」的蒙召和所得的應許及終生的成聖和事奉。每一個聖徒，都是在基督裡，與亞伯拉罕一同蒙召的，也得了同一個應許和「要成聖和榮神益人」的使命。

《創世記與我3》**三十五至四十四章**，剖析亞伯拉罕所得的永恆生命和應許如何傳授給兒子以撒和孫子雅各，從中強

調人蒙愛、蒙召蒙恩的根據，不在於「人的條件和行為」，乃在於「神自己的揀選」（參考羅馬書九章6～13節）。

《創世記與我4》四十五至五十三章，敘述雅各的婚姻並生養眾兒女、極其發大、離開拉班、雅博渡口的摔跤、與以掃和好、在示劍所遇的危機及上伯特利建立祭壇、拉結的死，以及以掃後裔的家譜。

本書之重點

即《創世記與我5》五十四至六十三章，我們一起研讀創世記三十七章至四十三章34節的內容，聚焦在雅各的十二個兒子及其中之一約瑟崎嶇坎坷的人生故事——

他做過的異夢，以及被出賣、被誣陷、下監獄、遭遺忘、能解夢、懂治國、解救災民度過荒年的際遇，無一不是預表將要在新約時代道成肉身的耶穌基督。本書也讓我們看到約瑟在每個境遇中，隨時因耶和華與他同在，他就凡事順利，因此，得以步步順服神的帶領，生命不斷地煉淨，得以勝過一切的試驗，至終成為蒙神重用的貴重器皿。

約瑟從囚徒到宰相的歷程，為他積攢後來解救萬民的智慧，不但值得今日每一個蒙神重用的我們深思，更願我們能從他生命足跡中擷取智慧和榜樣，而成為這個時代祝福萬民的聖徒！

第五十四章

凡信預言的，
異象必得成全

　　雅各住在迦南地，就是他父親寄居的地。雅各的記略如下。約瑟十七歲與他哥哥們一同牧羊。他是個童子，與他父親的妾辟拉、悉帕的兒子們常在一處。約瑟將他哥哥們的惡行報給他們的父親。以色列原來愛約瑟過於愛他的眾子，因為約瑟是他年老生的；他給約瑟做了一件彩衣。約瑟的哥哥們見父親愛約瑟過於愛他們，就恨約瑟，不與他說和睦的話。約瑟做了一夢，告訴他哥哥們，他們就越發恨他……

（創世記三十七章1～11節）

創世記三十五章記錄拉結離開世界的事，也記錄著以色列（雅各）的長子流便犯了「與父親的妾同寢」的罪，而失去長子名分的事。神將其長子的名分，從流便轉到拉結的兒子約瑟身上（參考歷代志上五章1節）。

神在記錄以色列為中心展開基督救恩歷史的過程中，像個插圖式的，將以掃和他的後裔與神所帶領的救恩歷史完全隔絕的事，都記錄在創世記三十六章裡，然後從創世記三十七章開始，正式記錄關於救恩歷史的主角「以色列十二個兒子」的記略。

在創世記三十七章1至11節裡，我們就會遇到「已成為以色列長子的約瑟做異夢」的事情。神透過以色列和他的十二個兒子所展開救恩歷史，直到今天，在我們中間進行。凡聽信基督十架福音，那使人出死入生而永遠歸入神的國的信息，已屬於基督的人，都是與約瑟一同得了最榮美並將必得成全的異象異夢的人。

神做事的方法，每一次都是「先說出祂要成就的事（預言），然後就按祂所定的時間表步步成就」！

神對亞當夏娃說「你們要生養眾多」，然後成全那事直到如今；當人人都在罪惡中，嫁娶、買賣、生養兒女的時候，神對挪亞說「我要以洪水滅絕世人，你要預備方舟」，然後神就給挪亞成全了；當亞伯拉罕一個孩子都沒有的時

候，神對亞伯拉罕說「你的後裔將必如天上的星星那樣多」，然後給他成全直到如今；神對軟弱無力的使徒們說「你們將要得聖靈、得能力，要做我的見證，從耶路撒冷直到地極」，神的預言，直到如今都豐盛、榮耀地得成全了。

凡真信「神的預言（神的話和應許）」的人，就立刻恢復神的腳步，因而能得著神的能力，並能看見神的成全。神已將關乎我們每一個人和我們家庭、教會的事，和關乎在這末日的事，都已經告訴我們了；若我們按祂的話而活，就必看見神所行的神蹟異能天天跟隨我們（參考馬可福音十六章15～20節）。若我們真信神的話，我們就能看見——所望之事的實底、未見之事的確據；因信基督福音而已經歸入了神的國、享受神的國、預備神的國、等候神的國的眾聖徒，應該過那樣蒙恩的生活。

趁著我們一起來揣摩創世記三十七章1至11節的機會，願主多多光照我們，好叫我們都恢復聖徒當得的異象和異夢，並能恢復約瑟享受過的那種有能、有力、也有豐盛果子的一生。阿們！

讀經

1　雅各住在迦南地，就是他父親寄居的地。

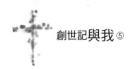

神要以這句話與三十六章以掃離開應許之地的事相比。雅各看重應許之地了。

2 雅各的記略如下。

從此開始，直到創世記最後五十章，神記錄祂如何將祂賜給雅各的應許，成就在雅各和他十二個兒子的日子裡。

約瑟十七歲與他哥哥們一同牧羊。

因長子流便與父親的妾「辟拉」同寢的事（參考創世記三十五章22節），長子的名分已轉到「約瑟」身上了（參考歷代志上五章1節）；因此，雅各和他兒子們的記略，從此都以約瑟為中心記錄著。

他是個童子，與他父親的妾辟拉、悉帕的兒子們常在一處。約瑟將他哥哥們的惡行報給他們的父親。

兩個使女給雅各生的四個兒子們作惡，必與他們心裡的自卑有關係，他們心裡常與利亞、拉結所生的八個兒子們比較。惟有基督福音才能徹底醫治人心靈裡的疾病。他們尚未信了他們都是「與利亞、拉結所生的兒子們一同蒙召為列國萬民的祝福」的事實。凡蒙召蒙愛而屬於基督的，不管帶著什麼條件，都是獨一無二極其尊貴的生命。

「約瑟將他哥哥們的惡行，報給父親」的事，就證明約瑟的為人「喜愛義」，他如此的為人，應該是藉著他從父親所教導的神的話和應許而來的。

約瑟的為人很正直，我們從他在後面發生的事情上的表現裡知道他的正直；正直、虛心、清心的人有福了，因為他們會聽見神的話、會深信神的話、也會蒙受信從神的話所帶來一切的福氣。

經文沒有告訴我們那些惡行是什麼，但約瑟的所以報給父親，不但是因為看不順眼哥哥們的惡行，也可能是因為他愛哥哥們，所以他怕哥哥們繼續變壞，也怕「哥哥們因惡行受到懲罰」。

3 以色列原來愛約瑟過於愛他的眾子，因為約瑟是他年老生的；

「年老生的」，應該是「等了很久之後才生的（拉結的頭一胎）」的意思；因為包括約瑟，雅各的十一個兒子和一個女兒，都是雅各在巴旦亞蘭的二十年之內都生的，他們之間的年齡之差，不是很大。

他給約瑟做了一件彩衣。

當時的彩衣，是族長或君王所穿的，很可能雅各已

經知道了「約瑟乃是神所定的長子」。約瑟是在父親母親的關愛裡生長的，在嬰兒時得過父母之愛的人，是會肯定自己的生命，心靈安頓，並能得與眾不同的智慧、創見和能力。作父母的人，都要懂「多多關愛兒女」的祕訣。我們也知道：許多未得父母之愛而長大的人，他們透過基督福音而發現永生父神之大愛的時候，比一般人更豐富地感受到「神愛的寶貴」，並且在基督裡都能得醫治，也會愛神愛人。

4 約瑟的哥哥們見父親愛約瑟過於愛他們，就恨約瑟，不與他說和睦的話。

　　凡在基督裡的，真不需要嫉妒人，因為每一個人，在神的眼裡都是極其寶貴的。神不但愛全體聖民，更是愛每一個聖徒；神對每一個聖徒的愛，乃是愛到「為每一個人代死代受咒詛」的地步；細密照顧，乃是照顧到每一個聖徒靈魂的至深之處，也照顧到每一根頭髮和每一個細胞的極深之處。雅各的兒子們，彼此之間的嫉妒和矛盾，直到「得約瑟（耶穌基督）的饒恕和祝福」之後，才能得醫治。

5 約瑟做了一夢，告訴他哥哥們，他們就越發恨他。

6 約瑟對他們說：「請聽我所做的夢：

7　我們在田裡捆禾稼，我的捆起來站著，你們的捆來
　　圍著我的捆下拜。」

8　他的哥哥們回答說：「難道你真要作我們的王嗎？
　　難道你真要管轄我們嗎？」他們就因為他的夢和他
　　的話越發恨他。

　　約瑟所做的夢，是關於「基督救恩歷史」的異夢。
捆禾稼——乃是收割的工作；收割是象徵「傳揚基督福
音，拯救聖民，召聚聖民，建立永國」的事（參考約翰
福音四章35～38節；馬太福音九章35～38節）。以色列
的十二個兒子，都是「基督救恩歷史的主角」，他們的
名字就寫在永遠聖城的十二個門上（參考啟示錄二十一
章12節）。

　　這夢，乃是預告「約瑟拯救他的父親以色列和以色
列七十個後裔，而要得兩個基業」的事。哥哥們嫉妒憎
恨約瑟，乃是不應該的，但他們尚未得知神的計畫的時
候，不得不如此行。我們聖徒不應該嫉妒任何世人或主
內的肢體，要懂得察驗神在我條件裡的美意，而要帶著
感恩的心，用我的條件來榮耀神，來祝福人；並且別人
的條件和好處，我們要讚美，也要與他們共享神恩。

9　後來他又做了一夢，也告訴他的哥哥們說：「看
　　哪，我又做了一夢，夢見太陽、月亮，與十一個星
　　向我下拜。」

　　這夢也是關於「基督救恩歷史」的異夢。太陽、月亮、星星，都是發光的；「凡信神的話、基督和聖靈的聖徒」的生命，都是發出「神的榮美、恩愛、公義、智慧和能力」的光；萬民都要透過以色列十二族長和他們後裔所擁有的基督福音和見證，要得拯救也要得福。這「父母兄弟們都要向約瑟下拜」的夢，乃是指神透過約瑟要拯救以色列和他後裔，然後，神要藉著以色列的後裔，也要拯救祝福列國萬邦萬民的事。

　　我們每一個聖徒，都在基督裡已得了這應許，並且我們察驗神的計畫並順從，就必看見「那極美的應許，正在我們每天每一個腳步裡得成就」的證據。我們所得的應許，應該要成為我們永遠的異象和異夢，並要成為「察驗神在凡事裡的旨意和引導」的導航儀。阿們！

10 約瑟將這夢告訴他父親和他哥哥們，他父親就責備他說：「你做的這是什麼夢！難道我和你母親、你弟兄果然要來俯伏在地，向你下拜嗎？」

11 他哥哥們都嫉妒他，他父親卻把這話存在心裡。

　　雅各，當他聽約瑟之夢的時候，很可能就想起神在伯特利給他的夢；雅各就知道了約瑟所做的夢，乃是神所賜的；因此他把其夢存在心裡。

　　雅各責備約瑟，可能是為保護約瑟，他怕約瑟驕傲，也怕其他兒子們更嫉妒憎恨約瑟。

1.有異象異夢之人的生命、能力、做法，都與眾不同

約瑟有異象異夢，因此能勝過一切的困難！

約瑟的為人是正直、虛心、飢渴、清心，聽見神的話和應許就相信，因此神的預言（話語和應許）成為他終生的異象，他所得的異象叫他做了異夢。他如此的生命所帶著的關心、興趣、眼光和心裡的感動，都與他哥哥們不同；他們二者將要遇見的人物事件和每一次的反應，也都會有很大的差異。

有從神而來的異象異夢的約瑟，在神的引導之下，會遇見「他哥哥們則遇見不到」特別的挑戰和苦難，但總是會得著神所賜的智慧和能力，因此，無論遇到什麼情況，總是會保持「從仁愛、謹守的心而得剛強的心」。當約瑟繼續經過「被賣，成為奴僕，被誣告，坐牢」的過程，往「成為宰相，拯救以色列和萬民」的標竿奔跑的時候，他哥哥們則繼續活在「神所施各種的管教」裡——賣弟弟，欺騙父親，內疚，後悔，痛苦，遇到旱災……

人無論做什麼，先得做事的動因，在過程裡繼續得動力是最重要的。

勉強做工的，就無法得著比喜愛做工的人更好的成果。

被強迫而讀書的，讀一個小時也很累；享受讀書的，讀十個小時不但不累，還越讀越有滋味。

在人類歷史上，那些偉大學者或發明家的共通點，乃是他們都喜愛自己所做的工作；他們整天埋首於所做的工作，不但不生病或疲乏，還能得健康長壽，也繼續得智慧和創見；雖然他們遇到的失敗比成功多好幾倍，但他們所遇的失敗，不叫他們因灰心而中斷，反得成功的門路。

人做事的動因、動機和動力，都是從他們所得的「夢」而來的。不認識神的世人所得的夢——野心慾望，既然能給人那麼大的動力和功效；那麼，聖徒所得「從神的預言和應許而來並將必得成全」的異象異夢，給聖徒在凡事上如何的能力和功效，是不必多說的了；必叫聖徒能得著從天上而來無限的智慧和能力。

聖徒的生命，是不屬這世界，乃是屬天的生命；因此，尚未得從天而來的異象異夢的聖徒，是不能勝過撒但掌權的這世界的。神說：「沒有異象，民就放肆。」（箴言二十九章18節）

人沒有得從神而來的異象，就無法得著神的引導，也無法得著從神而來的智慧、能力和恩賜，因此，他們的生命和生活是自然而然地處於放肆的狀態裡。他們就自然會追求「平安無事、或按肉體所喜好的去行」的生活，不但失去了

永生的基業，連自己要得的享樂或平安也無法真正得著，而要悶悶不樂過一生。

我們必要確認：神賜給我的異象異夢是什麼？也要確認：這異象異夢如何開啟今日我當走的道路？給我如何的動力？

比在睡覺中所得的夢更重要的夢，乃是在悟性中因認識基督福音而得的夢！

我們不可以只羨慕「約瑟能得那種偉大的異夢」，而不懂得尋找而得著神賜給我的夢。我們都在睡中做些夢，但大部分的夢，只不過是我們潛在意識的反應而已，與我們的現實生活和未來是完全無關。但，的確有些夢是從神而來的；神在夢中顯示神的計畫和旨意或將來要發生的事；並且若是從神而來的夢，神就必使做夢的人知道那夢是神的顯示，也叫人明白神的旨意。若我們不那麼清楚「做過的夢是否從神而來的」，那不是從神而來的。從神而來的夢，必不違背神的話，也必有聖靈的指教。

從耶穌基督完成救恩、聖靈降臨並聖經正典被奠定以後，因為聖徒深信基督教導、應許、預言和保護聖經權威的重要性，神的確再少用「在人睡中顯示異夢」之類的事；但，我們也不可以說完全沒有，神必按每一個人的情況、自由自在地仍然用特別的方式顯示自己。

13

那些「睡中得的異夢」，的確顯示做夢的人所遇的屬靈現況或將來要遇見的事，帶來「開啟靈眼，轉換人生目標、方向和計畫」等的功效；然而，比那些睡中得的異夢更重要的，還是從「神的話和應許，並以神的話確認過的事實情況，和當代失喪靈魂的呼籲」而得的異象和異夢。惟有從神的話和聖靈的光照而來的異象異夢，才能使我們得著神具體實際的引導——得知所望之事的實底和未見之事的確據，也使我們隨時隨地都能得著從天而來的智慧和能力。

2.凡蒙神呼召的聖徒，必會得神所賜的異象異夢

約瑟所得的夢，是神所賜的夢，是與「基督救恩大工」有關係的夢！

歷世歷代蒙神重用聖徒的共通點，乃是都得了從神而來的異象，也都得了異象和得成全的證據。挪亞得了關於洪水審判和方舟救恩的異象，並且看到了都得成全；亞伯拉罕得了他的後裔如同天上星星一樣多，並且神藉著他和他的後裔要展開完成救恩大工的異象，並且在他有生之年得了許多的證據；摩西得了他的骨肉以色列民出埃及、征服迦南應許之地的異象，並且經歷了神給他的成全；約書亞、撒母耳、大

衛及以賽亞、耶利米、以西結、但以理等眾先知，都得了神透過彌賽亞在以色列和列國萬民中，要怎樣成全永遠榮美的異象，也得了關乎他們自己當時代的異象，並且都看到了神的成全。

尤其，主耶穌基督完成神的啟示和救贖大工，因此聖靈降臨之後，凡在基督裡的聖民，都必得著從天而來那偉大的異象和異夢。

我們能聽信基督和天國的福音，因而得了聖靈，出死入生，脫離黑暗的國度，歸入光明的國度；在其過程中，都已得了最重要最大最榮美的異象和異夢了。

當聖靈降臨、神的國臨到一百二十個門徒的那一天，使徒彼得在從十五個地區來的猶太人面前解釋說：「這正是先知約珥所說的：神說，在末後的日子，我要將我的靈澆灌凡有血氣的。你們的兒女要說預言；你們的少年人要見異象；老年人要做異夢。在那些日子，我要將我的靈澆灌我的僕人和使女，他們就要說預言。」（使徒行傳二章16～18節；參考約珥書二章28節）

在末世、末後的年日裡，每一個真信耶穌基督而得聖靈的聖民，他們生命的特徵，乃是「說預言，見異象，做異夢」的聖民，神的啟示，雖然分兒女、少年人、老年人而講，但神的意思，是指兒女、少年人、老年人這所有的聖

徒，都會說預言、見異象、做異夢。

　　先知約珥說：「錫安的民哪，你們要快樂，為耶和華──你們的神歡喜；因祂賜給你們合宜的秋雨，為你們降下甘霖，就是秋雨、春雨，和先前一樣。」（約珥書二章23節）先知所講的秋雨、春雨，對末世聖徒而言，是指「基督十架福音真理和聖靈」；因此，凡真信耶穌基督福音的人則都必得著。

　　基督福音，使人能分辨「世界和神國、黑暗和光明、邪靈和聖靈、地獄和天國」的不同，使人得著永生的救恩，使人能得醫治，使人被恩膏而蒙神重用，因而能從東西南北、列邦萬民中召聚神民。這就是，先知以賽亞所看到在**耶和華的恩年**所發生的事，也是他在靈裡所看見「謙卑的聽見好消息而歡呼，貧窮的恢復富有而滿足，受傷的得醫治而起來奔跑，被擄的得釋放、被囚的出監獄而歸回」的榮美異象了；我們正在天天看到：「主在這時代，在列邦萬民中，迅速進行的救恩善工」，並且我們就在其中天天蒙恩，也蒙主使用。

　　我們要知道「從神而來的異象異夢」的特色！

（1）因信基督福音而得

　　因為神帶領六千年歷史，乃是為要完成基督救恩大工；並且，從人犯罪、撒但空中掌權之後，惟有「基督福音」是

從第三層天而來，能叫人從死裡與基督復活而能升到天上。

（2）關乎召聚神民、神國來臨的事

關乎我自己重生、出死入生、得成聖、得永生基業的事；也是關乎神賜給我和全體聖民「四大福音化」的事。

（3）非傳揚不可

我們既然明白了那麼重要的信息，是關乎使人活或死的事，聖靈也在我們心中催逼，我們就不能不說。約瑟不能不向他的哥哥們分享他所得的異象異夢。耶利米說：「我若說：我不再提耶和華，也不再奉祂的名講論，我便心裡覺得似乎有燒著的火閉塞在我骨中，我就含忍不住，不能自禁。」（耶利米書二十章9節）使徒彼得說：「我們所看見所聽見的，不能不說。」（使徒行傳四章20節）

（4）一生不能忘記，越來越確實

因為所得的那永遠榮美的異象，不能不成為我們終生的終極目標。為何越來越確實？因為這異象，不但是關乎永遠的事，也是關乎今天在我每個腳步裡都要成就的事，所以日子越久，我們得的證據會越多。

（5）遇到許多阻擋，阻擋卻成為動力

因為從神而來的異象，必會受到撒但的毀謗。神也許可撒但的攻擊，因為神要在聖徒所遇的難處裡，賜給他們福音答案和得勝的見證，並且也要給他們開神所引導的門路，藉此，聖徒得著更美好的恩膏，也會得更多聖民，而能多得永生基業和冠冕。

因此，若不符合以上這五個條件，那不是從神而來的異象和異夢了。凡不從神而來的異象，人是不可能保持發展到底的。

先要得神的夢，從中要得我的夢，也要得「與肢體一同配搭而要發展」的夢！

從亞當以來，所有蒙神揀選的聖民，都有一個共通的異象和異夢；那就是神的夢，是神透過整個歷史要完成「見證基督，召聚聖民，建立新天新地」的救恩大工。然後，每一個聖徒，從這共通的夢裡，都會得神所賜「屬於每一個人」的獨一無二的夢。

所有聖徒共有一父、一主、一靈、一信、一洗，而成了一體──這是基督的身體，所以共有同一個大異象。但從以諾、挪亞、亞伯拉罕、以撒、雅各、約瑟等到每一個聖徒，按神給他們所定的條件、關係、疆界和時代，都有屬自己的異象和使命。

　　過去六千年，神的夢，透過「來過這世界，得基督福音而重生，得了共同異象和個人異象（應許），完成自己的使命，回去天上」千千萬萬的聖民，逐漸完成，已來到快要完成的最後階段；在這二十一世紀，神呼召了我們這群末日的聖民，並將那「一個大事工」，透過我們每一個聖徒所擁有的條件、關係和事奉，正在一天天完成。

　　我們乃是「從創造的第一日開始那永遠榮美事工的繼承者」；繼續發展這一事工，並要將這一事工傳授給後來時代的神聖使命在我們身上。

　　我們每一個聖徒終生的異象，應該要從這大事工的工程裡得取，然後自己所擁有獨一無二的條件、關係、職業和門路，一生要成全神賜給我的異象異夢，好使我的一生能成為「成全那整體聖民共同異象上的一份力量」，從中我們會得永屬我個人的基業。

　　每一個聖徒所得的異象，應該是──在神為我安排的條件和人際關係裡：

　　（1）多多學習基督，恢復基督榮美的生命。

　　（2）一生都在人間活出基督，見證基督，能拯救、醫治、培養多人。

　　為要成全這終生的異象，我們必要得著同蒙呼召的肢體，與肢體一同學習、服事、禱告，並要一同傳揚基督福

音（參考使徒行傳二章41～47節，十一章19～30節，十九章8～20節，二十八章30～31節）；在以肢體為中心的生活中，我們才能得著神的引導、保護、恩膏和成全。

在這末日的末時，主的教會受到「以人為中心的偏差信仰」的猛烈攻擊；神在那種情況裡，正在「手裡拿著簸箕，揚淨祂的場，把麥子和糠分辨出來」（參考馬太福音三章12節），同時在這最後的屬靈爭戰裡，將過去兩千年經得起考驗「以馬內利基督十架福音的精華」顯明出來。因此，今日的聖徒，除了拯救靈魂的使命以外，還有恢復並傳揚「基督十架純正全備福音真理」的使命。

惟有純正全備的福音，才能使聖徒在二十四小時凡事上能活出以馬內利基督。

在這主耶穌來臨的日子非常靠近的時代，在這急速變化、罪惡滿盈、災殃動亂、真理昏暗的時代，當代聖徒必要面對各種挑戰和爭戰；主耶穌基督已經得勝了，並將榮耀的福音和聖靈賜給我們，神聖榮耀的使命在我們身上，我們不可以在放肆狀態裡跟著時事而走，也不可以在被壓狀態裡過無能、無力、無果的日子，我們必要以所遇一切的挑戰為教材，更要多多認識基督十架福音的大能，從中要得純正全備福音的精華。

3.異象異夢，叫我們能察驗神的旨意，並能看見神的引導和成全

主為何說「沒有異象，民就放肆」？

沒有異象的人，就在自己走的日子裡，無法得著神的旨意和引導，因此無論如何認真做事或如何虔誠，那人的生命生活是在放肆狀態裡進行的了。

旅行，有目標地，才能得著當走的路程，有旅行的目的，才能在路程中得著要得的功效。**約瑟的人生旅程，是有標竿的；因此，他在每一個路程裡，都能得著神的同在、引導和幫助（參考創世記三十九章2、21節）。**

當約瑟的日子，那樣日月發展的時候，那群未得異象的哥哥們則在放肆狀態裡，一天一天過著得過且過式的日子，因而浪費了地上寶貴的時光。神賜給約瑟的異夢終於得成全了；約瑟成了號令天下的埃及宰相，他哥哥們則在他面前俯伏下拜。當約瑟安慰他的哥哥們時，做見證說：「現在，不要因為把我賣到這裡自憂自恨。這是神差我在你們以先來，為要保全生命。」（創世記四十五章5節）這句話，就證明約瑟早就清楚知道神許可「他被哥哥們嫉恨，被賣」的目的；他在作奴僕、作波提乏家裡的總管、被誣告而坐牢的每一個腳步裡，都能維持以馬內利神的同在、智慧、能力，都是因為

他清楚知道了神為他那樣安排的目的。使徒保羅，在各樣逼迫裡做極其艱難事工的過程裡，仍然隨時都能得著主的引導並能得安慰和能力，也都因為他有從主而得終生的目標，那就是他的傳福音事工必要直到站在羅馬皇帝該撒的面前（參考使徒行傳二十七章23～24節，十九章21節）；他說：「我故此沒有違背那從天上來的異象。」（使徒行傳二十六章19節）主說：「你們要先求祂的國和祂的義，這些東西都要加給你們了。」（馬太福音六章33節）「祂（聖靈）要將一切的事，指教你們」（參考約翰福音十四章26節）！

我們以「尋求神的國和神的義（旨意）」的心，察驗我的條件、人際關係和當前所遇之事的時候，就能得著主的引導，也會得著各樣上好的智慧和能力。

人之所以得不著神的旨意和引導，得不著神所賜的智慧和能力，是因為他們按私慾（自己的動機和眼光）而妄求（參考雅各書四章1～3節）。主在二十四小時凡事上引導我們，所以我們必要得著隨時隨地都能跟從主的祕訣；為此，我們就要生活在其中：

（1）得終生異象。

（2）以祭壇、肢體、事奉為中心過七日。

（3）關注一天事奉的優先程序（職分、飢渴慕義的人、需要幫助的人），步步跟從主。

如此做到的時候，我們就會看到神繼續為我們安排蒙恩的遇見，並打開美好的門路。

凡得了異象異夢的人，必要經過學習和鍛鍊的過程！

約瑟能成為埃及的宰相拯救萬民，是透過被賣、成為奴僕、被誣告、被關在監獄的過程，若沒有那些過程，他就無法得著「遇見」，也無法得著擔得起埃及宰相的能力。約瑟在每一個艱難的過程裡，能顯出神的智慧和能力的祕訣，都是來自懷著遠大的異象異夢，同時，他將眼光放在「步步享受以馬內利，步步跟從神的帶領」。

因為神絕不會離棄我們，所以只要我們願意，在任何情況裡，都能享受像約瑟所享受的福氣，享受每一個腳步裡的成功。神在基督裡已賜給我們最大的成功，並不在於「好條件」，乃在於「透過所得的條件，榮神益人而成全神的旨意」上；也不在於「結果」，乃在於「現在每一步跟從主」。

人能享受真正的喜樂和滿足，不在於「成全大事」的時候，乃是在得「神的安慰和稱讚」的時候；並且，神顯出更大的安慰和稱讚的時候，不在凡事亨通的時候，乃是在不好的條件或艱難的過程中，仍然帶著感恩、盼望、喜樂的心步步成全神的旨意。

我們不需要因所得的條件、所遇的情況不好而難過，乃

要因得不著神的旨意、引導、安慰、稱讚而難過。

　　若像保羅一樣，能立了志向「無論是住在身內，離開身外，都要得主的喜悅；無論是生是死，總叫基督在我身上照常顯大」（參考哥林多後書五章9節；腓立比書一章20節），我們就在任何情況裡都能得著神的引導，也能得著神的安慰和稱讚。當我們單以主的引導和安慰、稱讚為最大的滿足和喜樂，步步跟從主的帶領的時候，神就將那成全賜給我們異象異夢的門路繼續為我們打開。

～ 禱告 ～

　　親愛的主啊，祢將祢對我們的心意和將那必成全永遠榮美的事，都向我們顯明了。誰像我們，竟能知道創造主永恆主宰的心意和計畫，並擁有祢的話語和聖靈！感謝祢如此愛我們，祝福我們，看重我們！感謝祢呼召我們，使我們能與祢同得榮耀，並與祢共享永遠的福樂！但願祢告訴我們那關乎永生國度和我們每一個聖徒將得永生基業的預言，都成為我們一生的異象異夢，也成為我們終生的標竿、計畫、眼光和能力。

　　主啊，我們想起祢曾說「在末後的日子，我要

將我的靈澆灌凡有血氣的；你們的兒女要說預言，你們的少年人要見異象，老年人要做異夢」的應許。阿們！

主啊，我們不但聽信了基督福音，得著祢榮耀的聖靈，還得了預言、異象和異夢為我們終生的目標。我們因聽見那關乎耶和華的恩年和祢為我們報仇的日子，又因看見那關乎永生國度榮美的異象異夢，我們內心不禁跳動舒暢，歡騰起來！

主啊，我們已經看見「謙卑的聽見好消息而歡呼，貧窮的恢復富有而滿足，受傷的得醫治而起來奔跑，被擄的得釋放、被囚的出監獄而歸回」那榮美的光景了。主啊，我們真因祢在我們中間展開的奇妙善工，獻上我們永遠的感恩。阿們！

主啊，願祢在我們身上恩上加恩，使我們共同得著關乎神國的異象異夢和關乎我們每一個人獨有的人際關係和聯絡網裡所得的異象異夢，都能與祢帶領我們的藍圖和祢說過的預言互相配合。求祢賜我們更明亮而敏銳的眼光，好叫我們在前面日子裡，無論遇到何種情況，都能清楚分辨祢為我們預備當走的路。同時，求祢保守我們的心懷意念，好叫我們能攻破仇敵魔鬼的詭計，脫離從地而來一切

的試探和控告。主啊，願我們在地上的寶貴時光裡，都沒有浪費的被用在祝福多人、得取永生基業和冠冕的事上。阿們！

　　求主的聖靈喚醒當代末日的聖民，使他們都能深信祢的預言，而能同得從天而來的異象異夢，並能恢復與祢一同爭戰、同得榮耀的福氣！求祢在列邦萬民中多多興起基督精兵，使他們得以馬內利美好的裝備，使他們在任何艱難的處境中，都能安然居住在不震動的神國裡，並能舉起主基督已得勝的雄旗，帶著剛強、仁愛、謹守的心，為時代做有信心又有功效的禱告、見證和服事。

　　主啊，求祢在這末後的世代呼召祢的子民，醫治、恩膏他們；求祢多多興起屬於這時代的約瑟、約書亞、大衛和保羅！主啊，願祢速速成就最後的工程。願祢與我們眾聖民共同的異象異夢都迅速成全出來。我們的心極盼望那榮耀的日子快快來臨。阿們！

第五十五章

苦難叫異夢得蒙成全

　　約瑟的哥哥們往示劍去放他們父親的羊。以色列
對約瑟說：「你哥哥們不是在示劍放羊嗎？你來，我
要打發你往他們那裡去。」約瑟說：「我在這裡。」
以色列說：「你去看看你哥哥們平安不平安，群羊平
安不平安，就回來報信給我。」於是打發他出希伯崙
谷，他就往示劍去了。有人遇見他在田野走迷了路，
就問他說：「你找什麼？」他說：「我找我的哥哥
們，求你告訴我，他們在何處放羊。」……

（創世記三十七章12～36節）

從創世記三十七章12節開始，我們會看到：得了異夢的約瑟，遇到了各種苦難，並且，每當在他所遇到的苦難，就使他脫離一個境界進到另一個境界，也叫他得著更美好的生命和見證，也是他所得的異夢步步得成全的過程。神透過約瑟的生命和他所遇的事，預表了耶穌基督，也將「活出基督」的祕訣教導我們。

若我們是主耶穌基督的身體，我們就必要一樣經歷基督和基督的身體（聖民）以往所經歷過的事；我們要得同樣的異象異夢，要遇到同樣的苦難和爭戰，並要以同樣的原理和做法，在苦難中能得著百倍的能力和見證，也必看到我們所得「四大福音化」的異象一樣豐盛榮耀地得成全。

從蒙恩重生並得「四大福音化」那從天而來的異象之後直到如今，我們已經歷過：許多蒙恩之前未曾經歷過的挑戰、矛盾和苦難，並且，還有許多新的挑戰和爭戰在前面等候著我們。若是沒有那樣的過程，我們所得的異象異夢不能被成全，只是成為白日夢了。

既然，要面對聖徒都應當要遇到的爭戰，我們最好先要得知「不但全然能得勝，也靠著那些艱難的過程，叫異象更迅速、更豐盛榮耀地得成全」的祕訣。

讀經

¹² 約瑟的哥哥們往示劍去放他們父親的羊。

> 從雅各所居住的希伯崙到北方的示劍，約有七十五公里的距離。

....

¹³ 以色列對約瑟說：「你哥哥們不是在示劍放羊嗎？你來，我要打發你往他們那裡去。」約瑟說：「我在這裡。」

> 「我在這裡」，原文「Hineni」乃是「我在這裡，請差遣我」的意思（參考以賽亞書六章8節）。
>
> 約瑟欣然順從父親的吩咐，那就是約瑟蒙神大恩的原因和結果了。
>
> 凡喜愛順從神的聖徒，都會順從那在上之人；因此，無論在家裡或職場裡，都能得著父親、老闆、上司的保護和祝福。
>
> 約瑟的順從預表著主基督：主耶穌基督，是在順從父神旨意的事上給我們最美好的榜樣。父神差派子到地上來為肢體做代贖之事，祂就說 Hineni 了；主存心順服，以至於死，並且死在十字架上。

....

¹⁴ 以色列說：「你去看看你哥哥們平安不平安，群羊

平安不平安，就回來報信給我。」

　　很可能：雅各因他兒子們曾經在示劍殺害那裡居民之事而有所擔心。

於是打發他出希伯崙谷，他就往示劍去了。

15 有人遇見他在田野走迷了路，就問他說：「你找什麼？」

　　神的幫助。

16 他說：「我找我的哥哥們，求你告訴我，他們在何處放羊。」

17 那人說：「他們已經走了，我聽見他們說要往多坍去。」約瑟就去追趕他哥哥們，遇見他們在多坍。

　　從示劍到多坍有二十公里的距離。約瑟不但忠心要完成父親的吩咐，自己也喜愛尋找哥哥們。

18 他們遠遠地看見他，

　　很可能：約瑟發現哥哥們時，就很高興地呼叫哥哥們。

趁他還沒有走到跟前，大家就同謀要害死他，

　　約瑟看到哥哥們而歡喜跑過來的樣子，和哥哥們同謀要害死約瑟的樣子，顯出很強烈對比。

¹⁹ 彼此說：「你看！那做夢的來了。

　　哥哥們尚未蒙恩的生命，無法瞭解神賜給約瑟的那「關乎拯救以色列和萬民」的異夢。在我們蒙恩之前，我們的目的、關心和計畫都與神完全無關。

²⁰ 來吧！我們將他殺了，丟在一個坑裡，就說有惡獸把他吃了。我們且看他的夢將來怎麼樣。」

　　在此，我們就想起主耶穌所講的比喻，管理葡萄園的園戶同謀殺害主人兒子的事（參考馬太福音二十一章33～46節）。

²¹ 流便聽見了，要救他脫離他們的手，說：「我們不可害他的性命」；

²² 又說：「不可流他的血，可以把他丟在這野地的坑裡，不可下手害他。」流便的意思是要救他脫離他們的手，把他歸還他的父親。

神透過流便拯救約瑟。

23 約瑟到了他哥哥們那裡，他們就剝了他的外衣，就是他穿的那件彩衣，

這彩衣含有很多的意思：父親的愛、約瑟的驕傲、哥哥們的嫉妒。

24 把他丟在坑裡；那坑是空的，裡頭沒有水。

坑裡沒有水；這也是神為約瑟的安排。看創世記四十二章21節，我們就知道這時約瑟哀求過哥哥們。當哥哥們後來在埃及遇到困境而悔改的時候，就想起了這事；那就證明這事一直掛在他們心裡，成為他們的內疚。

25 他們坐下吃飯，

弟弟在坑裡哀哭，他們還能吃飯，這實在太過分了！

舉目觀看，見有一夥米甸的以實瑪利人

不是指以實瑪利的後裔，乃是指以實瑪利所建立之城裡的居民，

從基列來，用駱駝馱著香料、乳香、沒藥，要帶下埃及去。

這也是，神為約瑟的安排。香料、乳香、沒藥，叫我們想起耶穌基督的死（參考約翰福音十九章38～40節）。

26 猶大對眾弟兄說：「我們殺我們的兄弟，藏了他的血有什麼益處呢？

27 我們不如將他賣給以實瑪利人，不可下手害他；因為他是我們的兄弟，我們的骨肉。」眾弟兄就聽從了他。

猶大心裡有如此的感動，也是神為約瑟所安排的。猶大也是軟弱的，但他還是對兄弟有所憐憫；神透過他在眾兄弟中顯出如此美好之事，也暗示了主耶穌基督從猶大支派而來。

28 有些米甸的商人從那裡經過，哥哥們就把約瑟從坑裡拉上來，講定二十舍客勒銀子，

當時，二十歲以下奴隸的價錢，乃是二十舍客勒銀子（參考利未記二十七章5節）。

把約瑟賣給以實瑪利人。

約瑟被賣之事，也是預表耶穌基督被賣。

他們就把約瑟帶到埃及去了。

埃及，乃是約瑟的異夢得成全之地。約瑟不可以只在家裡成為父親的寵兒，他必要離開父親。

29 **流便回到坑邊，見約瑟不在坑裡，就撕裂衣服，**

剛好流便不在那裡，也是神的安排。

30 **回到兄弟們那裡，說：「童子沒有了。我往哪裡去才好呢？」**

流便，雖然因約瑟哀慟了，卻又隨從弟弟們的主意；這就證明他心志的柔弱。他不配得成為以色列的長子。

31 **他們宰了一隻公山羊，把約瑟的那件彩衣染了血，**

32 **打發人送到他們的父親那裡，說：「我們撿了這個；請認一認是你兒子的外衣不是？」**

他們如此對待他們的兄弟和父親；他們的兇惡和詭詐，已達到極處了。凡在眼裡沒有神的人，遇到情況的時候，都會如此兇惡。耶利米書十七章9節說：「人心

比萬物都詭詐，壞到極處，誰能識透呢？」預表
基督耶穌的約瑟，為要拯救他們卻被賣、受苦，然後饒
恕、拯救、醫治他們。

33 他認得，就說：「這是我兒子的外衣。有惡獸把他
吃了，約瑟被撕碎了！撕碎了！」

34 雅各便撕裂衣服，腰間圍上麻布，為他兒子悲哀了
多日。

35 他的兒女都起來安慰他，他卻不肯受安慰，說：
「我必悲哀著下陰間，到我兒子那裡。」約瑟的父
親就為他哀哭。

　　約瑟的哥哥們看到父親如此悲痛到快要死的光景，
但他們仍然向父親隱瞞約瑟沒有死的事實。若不是神的
憐憫和代贖的恩典，他們那種的人怎能脫離審判和地獄
呢？

36 米甸人帶約瑟到埃及，把他賣給法老的內臣——護
衛長波提乏。

　　約瑟，透過這樣痛苦的過程，就來到了埃及，更是
進到護衛法老之人的家裡。神不但賜給我們異象異夢，
也透過我們所遇的事情步步成就！

1.神透過矛盾與和好啟示「基督與我們的事」

神透過「約瑟和哥哥們之間的矛盾與和好」的事，將「基督與我們之間發生過的事」啟示於我們。

神以整本聖經強調耶穌基督與我們的關係，強調父神在基督裡為我們所預備的救恩，並以整個歷史證明人類地上六千年的歷史，都是為要「見證基督，召聚聖民，建立永國」而存在的。約瑟得了神所賜的異象異夢，然後每天遇到各種不同的挑戰、學習、事奉和苦難；他就過了「非依靠神不可」的日子，一天一天認真尋找、順從、依靠神而活。

他不會清楚看見今日我們在他的日子裡所看見「預表基督耶穌」的光景，但原來他的條件、關係、事情、時光，都是為要見證基督而存在的。神的攝政和經綸真是遠超過我們人的認知和想像。我們將會發現我們一生的生命意義都在基督裡也在救恩事工裡。

透過神藉著約瑟所顯明「饒恕與和好」的旨意，我們要更清楚地認識主基督與我們的關係，也要在我們每一個人所遇的情況裡活出基督的愛。

哥哥們對待約瑟的光景，乃是我們對待神（耶穌基督）的光景！

我們要明白神在這段經文裡向我們強調的內容。約瑟哥

哥們的敗壞，已達到極點了；同謀設計害死約瑟，把他丟在坑裡，在那樣情況中還能吃飯、賣掉他、欺騙父親，狠心到看見父親悲痛的光景，還是不講真實情況⋯⋯

從創世記三章以來，凡不認識基督福音之人——對神對人的光景都與他們一樣。關係越密切，在其關係裡發生的矛盾、掙扎、殺害越厲害，並且在背後原有「偷竊，殺害，毀壞人」的那魔鬼撒但的操縱。

我們生命生來的光景，原都是在「與神為敵」的狀態。我們不但不懂得敬愛、親近、順從神，卻輕慢、違背、敵擋祂，並因愛肉體和世界而拜偶像、與鬼相交了。我們的私慾、邪惡、污穢、罪孽，將主耶穌釘在十字架上。所以，我們要看清「我們歸向神之前的生命狀態是何等糟糕的」，然後，得著想要與「世界、撒但、罪惡、咒詛、地獄」徹底隔絕的心，信徒生命、能力、眼光、關心的變化，都是從此而來。

約瑟為要拯救哥哥們而受苦，並且叫哥哥們學習了「饒恕與和好」：耶穌基督為我們受苦受死，也教導我們「饒恕與和好」的道理！

後來，神賜給約瑟的異夢都得成全之後，約瑟對因惡待他之事而甚怕的哥哥們說：「現在，不要因為把我賣到這裡自憂自恨，這是神差我在你們以先來，為要保全生命。」（創

世記四十五章5節）

　　神許可創世記三十七章13至36節之事的發生，並且，神之所以那麼強烈地記述哥哥們惡待約瑟的光景，都是為要更強烈地與後面的「饒恕與和好」之事對比，藉此要大大顯明基督福音的精義。

　　我們的心耳聽見主在十字架上所講的一句話，「父啊，饒恕他們，他們不知道自己所做的」。不但饒恕「把我釘在十字架上，並且辱罵我」的人，更要拯救那殺害我的人，替他們擔當刑罰；這樣的饒恕，是無人能做到的——惟有神，並且靠著那至聖的Agape的愛才能做到的。

　　主耶穌基督透過祂為所愛之人的代贖，拯救我們這「原與祂為仇」的人，也將祂那無條件、無限、永遠的愛向我們顯明。

　　主耶穌在祂的愛裡，把我們重生了，將聖靈賜給我們了，也住在我們裡面。我們終於從那種「自私、自卑、自憐」的心裡得釋放了，終於從那種「比較、嫉妒、爭競、仇恨」的矛盾裡得釋放了，不但如此，我們也得了基督的心，能活出基督的愛。我們蒙神大憐憫的生命，再也不會遇到我們不能憐憫和饒恕的人了。

　　福音最大的能力，就是使我們發現父神對我們那完全的愛，並在祂愛裡使我們能與祂和好，結果，在任何情況裡，

我們都能享受祂的恩惠、慈愛和祝福，在苦難中更能得著父神七倍的恩愛，而能潰滅仇敵魔鬼一切的控告。不但如此，福音叫我們看透了「人與神和好」比任何事還更重要，因此，我們也要像主基督一樣，獻上一切來投入在「使人與神和好（重生／親近神／恢復神）」的事工裡，並且為此願意付任何的代價。對我們之前那麼自私的生命而言，這真是個奇蹟了；福音的確是神的大能。

悔改並得了神的心後，以色列的十二個兒子，都成了列國萬民的祝福！我們也成了基督的身體和列國萬民的祝福！

耶穌基督，乃是萬福之源。祂坐在神寶座右邊為祂的肢體（身體、聖民）禱告的同時，也住在每一個信祂之人的生命生活和他們的人際關係裡，保守引導他們，透過他們顯出祂的慈愛、聖潔和權柄和能力。

人的尊貴不在於世界的學問、財物或地位，乃在於是否是基督的身體、是否顯出基督的生命、智慧和能力。凡屬於基督的，無論擁有著如何的條件，只要他願意活出基督，就能顯出主基督那最完美的生命和能力，而能使人得生命得神的祝福。這乃是使徒保羅所發現的奧祕：「現在活著的不再是我，乃是基督在我裡面活著。」（加拉太書二章20節）也是這樣的奧祕：「那吩咐光從黑暗裡照出來的神，已經照在我們心裡，叫我們得知神榮耀的光顯在耶穌基督的面上。我們有這

實貝放在瓦器裡，要顯明這莫大的能力是出於神，不是出於我們。」（哥林多後書四章6～7節）他說：「（因此）我們四面受敵，卻不被困住；心裡作難，卻不至失望；遭逼迫，卻不被丟棄；打倒了，卻不致死亡。身上常帶著耶穌的死，使耶穌的生也顯明在我們身上。」（哥林多後書四章8～9節）我們如今能成為列國萬民的祝福，都是由於「主基督，藉著福音真理和聖靈，住在我們生命生活裡」，也是由於「我們愛主，尋找主，順從主，依靠主，見證主」。

凡聽信基督十架福音的人，都得了最大的異象和異夢，也得了約瑟（基督）的使命！

在世界上，聖徒明白基督十架福音，而得了聖靈（新生命），看見了神光明的國，能與神交通同行，並看透了世界的黑暗和人都被捆在罪和死的律的光景，沒有比這更大的異象和異夢。在世界上，再也沒有比「誇耀人的軟弱，見證神的公義和慈愛（救恩）」有更大的能力。

世界的學問、財力和權柄，不認識神的人本、人情、人義、人為，是絕對無法從撒但的手裡，從罪和死之律的光景裡，能拯救人來；惟有從第三層天而來，透過信者的生命顯現出來「基督寶血、神的話和聖靈的大能」才能拯救人脫離「罪和死的律」，而能進入「生命聖靈的律」裡。

人聽信了基督福音所啟示的事實實況本身，乃是蒙神最

清楚最偉大的呼召；並且，那人信而享受以馬內利福音的大能本身，乃是在「拯救醫治人」的爭戰裡，隨時可使用最有能力的兵器了；因那福音兵器可以攻破撒但任何堅固的營壘（參考哥林多後書十章3～5節）。只要我們明白而使用，就能看到：我們的禱告、事奉（生活）和言語，天天攻破仇敵一切的詭計，能保護、拯救、醫治、堅固人的光景。

2.聖徒所得的異象異夢，是得取「苦難的養分」而長大並得成全的！

有了要豐收的盼望，就必要經過開墾、撒種、栽培、收割的過程；得了建立一座美麗建築房屋的藍圖，就必要經過打好基礎、建造房屋、裝好設備、裝飾美化的過程；同樣的，得了異象異夢，就必要經過異象得成全的過程；並且，所得的異象越大，要遇到的挑戰和艱難也就越大。

誰會因不勞而獲的事情得著感動呢？若是我所得的異象和所得的成果要成為後人的挑戰和激勵，就必要有「能激勵人心」的過程。

我們先要明白：信基督十架福音的聖徒，為何會遇到苦難？那是因為：

（1）我們成了基督的身體

因此，與基督得了同一個所屬、關係、未來和生命生活的原理；基督是帶著拿撒勒人耶穌的條件事奉神，我是帶著我的條件事奉神。

（2）我們有仇敵

魔鬼不會攻擊已屬於自己的或已被牠擄的；我遭遇仇敵攻擊（試探或控告）的事本身，就證明仇敵很在意我；所受的苦難越大，就越知道神在我身上的計畫很大，也會得著神所賜更大的能力。

（3）我們不屬於世界

若我們與世界為友，世界不會攻擊我們。

主說：「世人若恨你們，你們知道，恨你們以先已經恨我了。你們若屬世界，世界必愛屬自己的；只因你們不屬世界，乃是我從世界中揀選了你們，所以世界就恨你們。你們要記念我從前對你們所說的話：『僕人不能大於主人。』他們若逼迫了我，也要逼迫你們。」（約翰福音十五章18～20節）

（4）我們與基督同受苦難，同得榮耀

若是我家人要展開家庭事業的時候，叫我不要參與的話，我的心情會如何？

我們要以「為愛基督跟從基督受逼迫」為榮，因為那是只有主所愛之人才能享受的特權。主說過：「人若因我辱罵你們，逼迫你們，捏造各樣壞話毀謗你們，你們就有福了！應當歡喜快樂，因為你們在天上的賞賜是大的。」（馬太福音五章11～12節）為主為肢體受了多少的苦，我們就能得著多少的榮耀和永生基業。

（5）我們要無有瑕疵，成為聖潔

在苦難中，主親自精煉我們，好叫我們得著「比那被火試驗，仍然能壞的金子，更顯寶貴」的生命，「可以在耶穌基督顯現的時候，得著稱讚、榮耀、尊貴」（參考彼得前書一章7節）。並且，叫我們能得著被鍛鍊的靈魂，而在任何情況裡都能得享從天而來的平安（參考希伯來書十二章11節；雅各書一章2～4節）。

主說，我們心裡感到的難過、痛苦，都是從我們的私慾而來的（參考雅各書一章14節）。

（6）我們有使命

國家所差派特戰隊的精兵，進到敵國境內，將被擄的國

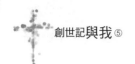

民拯救出來的時候，非有一番激烈的戰鬥。同樣的，有使命的基督精兵要拯救被擄在世界的聖民，也必會有激烈的屬靈爭戰。但，我們的爭戰，是屬基督已經全然得勝的爭戰，若是懂得「爭戰得勝的原理」，我們就必百戰百勝了。

苦難如何幫助、推動聖徒的異象得蒙成全？

（1）得聖潔

約瑟所遇的苦難，是叫他得更聖潔的生命了。不聖潔，就不能蒙神使用！「人若自潔，脫離卑賤的事，就必作貴重的器皿，成為聖潔，合乎主用，預備行各樣的善事。」（提摩太後書二章21節）神對待要重用的僕人，是特別嚴格地管教，為使他成為潔淨的器皿，而能活出基督榮美的形像，並且，使他的禱告、言語都能顯出神的能力。在仇敵晝夜的控告之下，神的僕人不能不保持聖潔。

（2）得答案

約瑟在家裡得了純正福音信仰，在波提乏家庭裡學了經濟和管理學，在監獄裡學了政治學；若沒有如此的裝備和經歷，他的異夢，是無法得實現。

要趕鬼、拯救人、醫治人、培養人，就要得從第三層天而來的智慧和能力。神要使用的工人，是在他成聖的過

程中，也在事奉人的過程中，會遇到許多直接或間接的問題；並且每一次遇到問題的時候，都在「耶穌基督並祂釘十字架」的奧祕裡，會得著神所賜的智慧（參考雅各書一章5節，三章17～18節）。那種智慧，是世界智慧通達的人無法得著的智慧。

（3）得見證

約瑟的經歷和見證，直到如今成了無數聖民的安慰、勸勉和力量。在法庭裡，最有力量的，乃是人的見證。聖徒親身經歷苦難或問題，並且從中所得的答案和見證，是在拯救人、釋放人、醫治人上帶出很大的能力。

（4）得門路

約瑟每當遇到另外一個苦難，就得了使他的異夢得成全的門路；被哥哥們嫉妒和賣出去，他就終於脫離父親的膝下，而能下到埃及遇見了波提乏；被女主人誣告，就遇見酒政、膳長，也能來到法老的面前，成為宰相了。

一個人真信基督福音並得聖靈所賜從天而來的異象之後，神所展開的救恩善工，都是以他為中心而展開；特別經過各樣的逼迫和患難，會得著神所打開的門路。法老做特別的夢，七年的豐年和再七年的荒年，都是神為約瑟安排的。

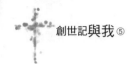

凡與神同行的人，每當遇到苦難時，是可以期待神所展開新的門路和新事。

（5）得門徒

遇到苦難的時候，我們才能分辨誰是真心信從神的基督門徒。

蒙神重用的神僕，在苦難中仍然忠心事奉神、依靠神的榜樣，會堅固與他同蒙呼召的基督門徒。在苦難中所得的福音答案，使他能得著許多要跟他學習的門徒。

四福音和使徒行傳，就證明主在逼迫患難中如何得著真正跟從祂的門徒，也如何培養堅固他們。

（6）得基業

約瑟比兄弟們經歷了更多的苦難，並且從頭到尾忠心的信從神，他就得了加倍的基業。在往迦南地走的曠野日子中，猶大支派的迦勒因他的忠心，得了最美好的基業，就是希伯倫地。主耶穌用比喻強調說，良善忠心的僕人們將必得著加倍的基業。

目前，我有何苦難或難處？不要白白的受苦難，必要善用苦難所帶來的益處！我們遇到苦難的原因，既然如前面所述；當遇到苦難的時候，我們就要積極正面的面對苦難，而

要得取愛我的神在苦難中為我為我所愛的家人、肢體、親友所預備的祝福。

神要潔淨、堅固、祝福、使用我們，神要成全永遠榮美的事，我們不能逃避神所預備的功課和訓練；若逃避一個，我們仍然要面對另外一個訓練，直到我們能得著神要賜給我們的善果。

要得博士學位的，不可不接受前面小學、中學、大學的課程。我們無法想像得到：一直安住在父親懷抱裡的約瑟，突然能成為拯救以色列和萬民的宰相。

當然，我們不要求神賜給我們苦難，但，按神所定最美好的時間表和課程，遇到些該學習的功課、要得潔淨的精煉、要得見證的處境時，我們就要勇敢地面對新的挑戰，積極地領受神的教導，忠心跟從神的帶領，認真依靠神而打那已得勝美好的仗。我們會看到神所預備的新恩，繼續不斷地加在我們生命裡，也會看到神為我們預備「每當我們勝過一個試驗時，要打開的新境界」在我們眼前被打開的光景。一遇到苦難或難處，就要進到「至聖所施恩座」那裡做集中禱告，我們就必看到「問題轉為祝福」的光景！

我們聖徒所遇的苦難，乃是神的呼召和吸引；神已在施恩寶座，為我們預備著新恩。無論遇到何種問題，聖徒的問題得解決的祕訣，都在於神；神許可我們遇到些問題的目

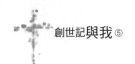

的，不在於「只是管教懲罰我們，或是使我們經歷問題之後再恢復平安無事的道路」，乃在於「叫我們多認識神、親近神、依靠神，好叫我們更完整地與神同行」。

因此，無論遇到任何問題，我們不要將焦點放在問題本身得解決，乃要放在「親近神、明白神的旨意而順從神」。若我們所遇的問題，不叫我們「更親近神，與神同行」，我們就白白受苦了；否則，我們要再反復面對同一階段的苦難；雖然經過苦難多，但我們的生命總是停留在同一個地步上，沒有什麼進步。

在經過苦難之路的時候，我們應該如何集中禱告？我們特別要關注下面所述的五個內容。

3.在通過苦難的腳步裡，我們特別要關注什麼？

（1）先要檢討自己，努力更新，保持與神和好！

遇到苦難時，最重要的，乃是在心裡確認主仍然帶著祂豐盛的恩惠和慈愛與我同在的事實；因為在通過苦難的過程中，使我們在任何情況裡都能得勝的祕訣，就在於依靠「主與我同在，愛我，幫助我」。為此，比任何事，首先要做的，乃是檢討我身上有沒有主不喜悅的地方。若我所遇的苦難是主的管教，主就必讓我知道我應該改善什麼；其實，在

苦難來臨之前，主必已好幾次在我心裡顯明過祂的不滿足。

因為愛我們，主絕不會放任我們繼續反復的軟弱，按我們生命成長的程度，主必告知我們，也會潔淨、精煉、培養我們。即使我們所遇的苦難不是管教而是「因事奉所遇的苦難」，我們還是要檢討自己；那是因為主盼望我們在事奉中得著更精美的生命，也因為檢討我們生命之後，我們能保持坦然無懼、剛強壯膽的心面對苦難，而使我們所做的事工能得著更美好的結果。

約瑟，雖然沒有犯過那麼嚴重的錯誤，但，我們相信他在被丟在坑裡、被賣、作奴隸的過程中，必定檢討自己有否做事不完美之處；有可能他後悔「將哥哥們的軟弱常常告狀給父親，穿著彩衣顯出傲氣，分享父母和哥哥們都向他跪拜的夢……」等的事。但，約瑟真是蒙神大愛的人，所以當他反省自己的時候，他不會使仇敵的控告勝過自己，他懂得在神永遠不變無限的父愛裡檢討、反省、悔改、潔淨自己的祕訣（參考約翰一書一章9節；希伯來書十二章5～13節）；因此，他是悔改潔淨自己之後，能發現神所預備更大的愛和恩典。

凡尚未得這奧祕的人，當他遇到苦難的時候，不能從「內疚、自卑、自憐」中得釋放，也不能得「更成聖更榮美」的生命。惟有真正認識「神透過基督寶血顯明父神的那

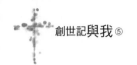

無限、無條件、不變的父愛」的神兒女們，才能享受約瑟所享受的那種蒙愛的生命，而能勝過仇敵一切的詭計和控告（參考啟示錄十二章10～11節；羅馬書八章1～2節）。

（2）要期待神要展開又新又大的事

面對苦難的心態，是非常重要的。自願出來鍛鍊自己而預備競技的，和被人帶出來勉強參與訓練的，他們二人在訓練過程中所得的功效和結果，必會有很大的差異。在打仗的時候也一樣；最關鍵的，乃是戰士的鬥志。主說了：「凡要救自己生命的，必喪掉生命；凡為我喪掉生命的，必得著生命。」（馬太福音十六章25節）我們知道我們所得的異象，乃是拯救多人永生生命的異象；為此，我們要打的仗，是比我們地上短暫肉身的生命更重要的仗；我們應該帶著不怕死的鬥志要打。

主又告訴我們：「在世上，你們有苦難；但你們可以放心，我已經勝了世界。」（約翰福音十六章33節）凡已經知道其得勝結果而打仗的人，是在打仗的過程中，無論遇到任何困難，就都能克服。有誰會喜歡苦難？但，如前所述，凡得了將必得成之異象的人，就必預備好「要面對前面非經過不可的過程」的心。尤其，我們所得的異象，是主所賜從天而來的異象，根本不是我們自己籌畫設計的，從頭到尾，都

必有主親自的帶領和幫助。因此，在得成就的過程中，最重要的，乃是要看清主步步的開路和引導。在如此保持以馬內利的狀態裡遇到了些難處，我們就能期待主所展開的新事，也能期待主必加在我身上的新恩。我們可以把遇到的難處當作——生命被精煉、得屬靈筋肉、得答案見證、得人得門徒等的機會，而勇敢地面對。

（3）必有神的保護和幫助，要發現，要依靠，要保持平安

在今天經文的記錄裡，我們會看到：約瑟遇到苦難之前，主已為他早已預備的保護和出路。當其他哥哥們要害死約瑟的時候，神感動大哥流便而阻止他們；約瑟被丟的坑，乃是神所預備「沒有水」的坑；也剛好那時刻，神所安排的米甸商人經過那地方；四哥猶大得了感動，提出「不要殺害弟弟，而要賣給商人」的主意；米甸商人帶約瑟到埃及，把他賣給法老的內臣護衛長波提乏。

若我們所得的異象是主所賜的，就必有主親自的引導和成就；我們察驗，主就必給我們看見。在其異象得成的過程中，無論遇到如何的困難，我們都不要驚惶，安靜地尋找主的帶領；不清楚的時候，不要亂跑，我們要等候；但要集中仰望主，直到心裡得確據那是主的引導。我們如何尋找主的

引導？要明白聖靈的感動，也要相信聖靈的感動，是基於聖經的啟示和基督的救恩、教導、榜樣和預言（參考約翰福音十四章26節；彼得後書一章21節；提摩太後書三章16節）；為此，我們平時要保持活在「學習、默想和經歷神的話（聖經）」裡的生活，也要喜愛與神交通，喜愛在凡事上察驗神的旨意，並要順從，努力保持與神同行的腳步。

若我們有私慾，或與世俗為友，為世界的宴樂妄求，就不能得聖靈的感動（參考雅各書四章1～5節）；若我們消滅聖靈的感動，或沒有順從，或不理會聖靈的擔憂（指責），我們就不能看見神的引導（參考約翰福音十四章20～24節）。對真信神的話和基督福音並愛神愛人的聖徒而言，聖靈的感動是顯而易見的（參考加拉太書五章22～23節），也是「叫信主耶穌的聖徒在心裡得平安的」（參考約翰福音十四章27節）。主的引導，都是「有根有基的引導」：因此，在集中仰望主的時候，要按著一直以來主帶領並成就的根基察驗主的帶領。

當我們專心仰望主的時候，主必藉著「聖靈的感動或有些情報、消息、人事、遇見」顯明祂的引導，我們要留意。對有如此經歷的蒙恩蒙愛的聖徒而言，當他遇到有些消息或遇見的時候，心裡會得著確據那是神的帶領。

（4）在每一個腳步裡，必有神的旨意，要以：「順從」為最大的成功、賞賜，而要得滿足

我們不可以「異象得成全」為滿足，必要以「現在與我同在並關愛我的以馬內利主」為滿足。若我們不以以馬內利主為滿足，就不能在每一個腳步裡顯出主的能力，結果，我們就不能達到「異象得成全」那榮耀的地方。在波提乏家裡作奴僕的時候，若約瑟不懂得享受以馬內利主（參考創世記三十九章2節），他就無法得著「成為波提乏家總務的機會」；在坐牢的時候，若沒有顯出以馬內利主的智慧和能力，就無法得著「為法老解夢，成為埃及宰相」的門路。

約瑟，不以異象得成全為目標而活，乃是以在每一個腳步裡順從主為滿足而活；因此，甚至冒著「被關在監獄裡或被殺」的危險，還是不向女主人的誘惑妥協，乃是選擇了「跟從主所帶領的義路」。因此，遭遇了「從總務位子突然落到囚犯」的危機，但其危機卻叫他得了朝見法老的機會。

神必如此恩待那愛祂、全然依靠祂的聖徒；這是理所當然的，是每一個聖徒信心的基礎信仰的第一步；但，在教會裡的信徒中，當他們遇到些情況的時候，能像約瑟一樣，仍然能看見神的帶領，能聽從神的旨意的聖徒會有多少？許多自稱為基督徒的人，不以主本身為最大的滿足，常常以事工得成就為滿足；其實，那人是尚未認識了主的，甚至可能是

尚未遇見主的人了。

　　凡真正遇見主基督耶穌的人，不能不以基督的榮美和祂的關愛為最大的滿足和喜樂的。因此，要將我們的工夫多多放在認識主；祂為我造了那麼榮美的世界，也按祂榮美的形像造了我，祂細密的保護我是達到每根頭髮、每顆細胞的深處，祂向我顯明了十架代贖的大愛，並將福音真理和聖靈賜給了我，繼續賜給我天上地上全備的福氣，正在關愛我，跟我說話，引導幫助我，步步成就永遠榮美的事……

　　在任何情況裡，主是必與我們同在的，並且一件事情是不可沒有的，那就是主跟我們說話（向我們顯明祂的旨意）。我們雖然沒有能力改換情況，但，我們可以愛主、親近主、順從主、緊緊依靠主，並將前面的事全然仰望交託給主，且我們可以步步享受主。所經過的路徑越是艱難，在其中每一個腳步裡顯出主的恩愛也必越大，我們要得「我們信任主、信靠主所帶來的安慰和獎賞」也必越大。主的杖、主的竿，必安慰我；在敵人面前，主必為我擺設筵席，主也必用油膏我的頭，使我的福杯滿溢。在整個過程中，會看到那「我們不感覺到苦難的苦難」很快會挪開，並且也會看到我們走過來的每一個腳步裡，都有主所賜滿滿的膏油和美好的見證，同時會看到主所打開傳福音的門路和主親自從各處各方召來的主的眾子眾女。

（5）務要傳福音，見證神的恩典和作為，也要安慰人服事人

其實，神的旨意和引導，都顯明於我們每日在神所安排的人間的日常生活裡；並且，都是從「愛神愛人，榮神益人」的精義裡出來的。當我們遇到苦難的時候，不要驚惶或灰心；若我們詢問：「在這情況裡，主叫我如何榮神益人，傳福音做見證？」我們就更清楚看到主的引導，並且能得著主所賜的智慧和能力。其實，我們得從天而來「四大福音化」異象的人所遇一切的苦難，畢竟是與「魔鬼阻擋傳福音」和「神加添給我們見證，並為我們展開傳福音新門」有關係的。因此，我們就要像約瑟一樣，在任何情況裡，務要保持以馬內利的恩典來活出基督，並且在傳福音見證主、安慰服事人的時候，我們就能得著神所賜百倍的恩膏和見證，祝福與我同在的人群，同時也會得著傳福音更美好的門路。

約瑟的一生就是證明這事了，在歷史上所有蒙愛蒙恩的聖徒，也都證明了這奧祕。整本（使徒行傳），就記錄了得著聖靈的聖徒（參考使徒行傳一章8節），在各樣的逼迫中，如何得著更美好的見證和傳福音的門路，而能從耶路撒冷傳福音做見證到羅馬的事。在剩下地上救恩歷史裡，主耶穌的作為和做法都一樣；主在約瑟、以色列、過去聖徒身上的作為做法如何，如今在祂所愛所重用聖徒身上的作為做法

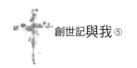

也是一樣的。約瑟在苦難中活出基督，顯出基督的大能，而能成全從天而來的大異象，我們也能在苦難中得百倍的能力和功效。阿們！

～禱告～

親愛的主啊，今日透過「約瑟與他哥哥們」的見證，再一次得蒙祢在十字架上向我們顯明那「饒恕與和好」的大愛大光的時候，我們的心就大大被祢激勵！主啊，原來賣祢、把祢釘在十架上的兇手就是我們！是我們的罪惡、私慾與放縱把祢釘在十字架上。然而，祢卻深愛我們，不但饒恕我們，還替我們擔當我們當受的刑罰，像被殺的羔羊，默默接受最殘酷的刑罰。

主啊，因祢的死叫我們活，祢的痛苦叫我們得醫治，祢的忍耐叫我們恢復永生福樂；因此，祢能輕看羞辱，默然忍受那十字架的苦難，死而復活，完成救贖大工後，便坐在神寶座的右邊。

主啊，祢將這奇妙的福音真理告訴我們了，聖靈也光照感動我們，使我們能信而得以重生；如今我們已經出死入生，出黑暗入光明，脫離撒但，歸

入阿爸父的懷裡。感謝祢住在我們裡面使我們成為祢的身體，祢透過我們的生命生活繼續進行祢那救人靈魂的大工。祢開了我們的心眼，使我們清楚看到「人人都死在過犯罪惡中，在撒但的管轄之下，在各種問題裡困苦流離，直等到最後審判」的光景。我們知道惟有靠祢為我們流的寶血、祢賜給我們的福音真理和聖靈的大能，才能攻破撒但的權勢，拯救人，醫治人，釋放一切被擄的人。

主啊，我們不能輕忽祢所賜予我們神聖的使命；若不藉著我們，誰能拯救人呢？我們這「把祢釘在十架上，卻得蒙祢代贖的大愛」的人，怎能拒絕為拯救永生肢體付代價的事呢？我們既然如此清楚地看到天上地上和人們靈魂的實況，也知道了祢在剩下的日子裡即將要成就那永遠榮美的救恩大工，我們怎能說，我何時得過那「從天而來的異象」呢？主啊，我們既然得著像約瑟得的那「拯救以色列和萬民」的異夢，我們就不能逃避他和所有得到救人使命的聖徒所遭遇的苦難。

主啊，感謝祢的教導，祢使我們明白如何積極地面對苦難，如何在苦難中得取祢所預備的智慧和能力，如何善用苦難來成全那從天上來「救人醫

人，召聚聖民，建立永國」榮美的異象。願主的教導，能成為我們隨時的幫助，能使我們在目前所遇的挑戰、問題、苦難中得著祢的光照。

主啊，願祢的靈加倍激勵我們，使我們能得著祢的心腸和負擔，能像使徒保羅擁有一顆「為主的身體，在我肉身上補滿基督患難的缺欠」的心，好叫我們能勇敢地面對一切的挑戰。主啊，感謝祢！祢賜給我們能「與祢並肩前進，同受苦難，同得榮耀」的權利。主啊，無論遇到何種情況，我們只願懇求「祢與我們同在」那最大的福氣，我們也深信祢必向我們顯明。

主啊，每當我們看到祢賜給我們的異象，想到祢在前面繼續要展開極榮美之事的時候，我們的心就又歡暢又跳動，也期待明天。主啊，我們深信祢必豐盛榮耀地成全其事。阿們！

第五十六章

他瑪，她比我更有義

那時，猶大離開他弟兄下去，到一個亞杜蘭人名叫希拉的家裡去。猶大在那裡看見一個迦南人名叫書亞的女兒，就娶她為妻，與她同房，她就懷孕生了兒子，猶大給他起名叫珥。她又懷孕生了兒子，母親給他起名叫俄南。她復又生了兒子，給他起名叫示拉。她生示拉的時候，猶大正在基悉……

（創世記三十八章）

創世記三十八章是講到：雅各的第四個兒子「猶大」和他的媳婦「他瑪」，經過「一般人很不容易瞭解」的過程，一起生「法勒斯」的內容。

從創世記三十七章開始講關於「約瑟」的事，在三十九章接續展開的過程中間，在三十八章突然插進關於猶大和他瑪的事；神為何將祂啟示的「目錄」如此安排呢？是否排錯？或者是否神的啟示沒有連續性，祂要講什麼就講什麼？都不是！

神啟示聖經的記錄，都是按祂所定最美好的程序安排的。神將三十八章的內容安排在「約瑟被賣，來到埃及，將要拯救以色列家，以備透過以色列民拯救列邦萬民」事情的中間，乃是再一次證明──整本聖經的內容，都是啟示耶穌基督和透過祂要成全的救恩歷史。

約瑟被賣之後，以色列的十一個兒子，個個都建立自己的家庭並生養他們的後裔。但，聖經只記錄約瑟和猶大的理由，是因為這二人在救恩歷史中擔任「主角性的角色」。約瑟──成為以色列的長子（參考歷代志上五章1節），被賣、受苦、成為埃及宰相、拯救以色列家和全世界這每樣的事，都是預表著耶穌基督的代贖；猶大──是人子耶穌基督的祖先，彌賽亞基督耶穌是透過猶大支派生出的。

他瑪──是外邦女人，她嫁給猶大的長子「珥」為猶

大的媳婦。她就像「野橄欖（外邦人）接在真橄欖（以色列），吸取真橄欖根（耶穌基督）的肥汁，而結出真橄欖果子」（參考羅馬書十一章17節），象徵著「從外邦人中信耶穌基督的第一代基督徒」。她的生命「接在以色列家，生養兒子」，這是神所安排特別的恩典，是與「平凡的女人嫁給平凡人的生兒養女」有所不同；因此，她懷孕之前，必要經歷一般平凡的女人不會經歷的「特別成聖」的過程；尤其，她要生的——也不是一般的以色列人，乃是要生耶穌基督的祖先。除了他瑪以外，在耶穌基督的祖母中，還有耶利哥女人「喇合」和摩押女人「路得」：聖經都記錄著她們「接在以色列，而生基督祖先」的特別經歷。

　　猶大和他瑪——在生兒子「法勒斯」之前就經歷了猶大兩個兒子，就是他瑪的兩個丈夫——「珥」和「俄南」因在神眼中看為惡，而被神擊殺，也經歷了「猶大失去妻子，媳婦他瑪偽裝妓女而得取公公種子」的亂倫事件。這些過程，對猶大而言，是神管教他、助他成聖；對他瑪而言，是神精煉她的信心，使她得著關於神所願「成全基督救恩大事」的信心。猶大和他瑪所經歷那些「成聖和精煉」的過程，乃是凡屬基督的聖徒「在得救並成聖的過程中，以神為每一個人所安排獨特的條件和經驗」都要經歷的過程。

　　神的救恩，是我們不需要付代價而得的「白白恩典」，

但若要真正得取在基督裡的新生命，並要「恢復基督，享受基督，活出基督」，就必須真信「與基督同死、同復活，並要脫去舊人，穿上新人」的福音真理，也要活出所信的真實內容。

聖徒雖然蒙受了神的大愛、大恩、大福，但直到「真信而順從神」之前，不但不能享受，還會像尚未成聖的猶大和他瑪一樣，一而再地遇到矛盾情況。

聖徒信耶穌基督福音的結果，必是「不住地與神親密相交，常常喜樂，凡事謝恩，凡事順利，口唱心和地讚美主」。若我們的情況不是那樣，就證明在我們信仰神的系統裡仍有些不對的東西。

在研讀本課的過程裡，願主光照我們、潔淨我們。阿們！

讀經

1 那時，猶大離開他弟兄下去，到一個亞杜蘭人名叫希拉的家裡去。

> 猶大的年齡比約瑟大三至五歲，因此，「那時」——他的年齡大略是二十至二十二歲。

> 「亞杜蘭」——是屬於後來猶大支派所得之地（參

考約書亞記十五章35節），大衛逃避掃羅之時，隱藏在
此地的石洞裡（參考撒母耳記上二十二章1節）。

2　猶大在那裡看見一個迦南人名叫書亞的女兒，就娶
　　她為妻，與她同房，

　　　　書亞，可能是當地有權有財的人。

　　　　亞伯拉罕、以撒都不喜歡他們兒女與迦南人結婚。
　　不是因族類差別，乃是怕外邦人將他們所拜的歸神和異
　　教的靈帶進來。比迴避娶迦南女人更要緊的，乃是「不
　　與外邦異教的思想、關心、風俗同化，而要以耶和華福
　　音信仰拯救並影響他們」。

　　　　看猶大、他的妻子和兒子們所遇的事，我們就知道
　　神不喜悅猶大的婚姻。

3　她就懷孕生了兒子，猶大給他起名叫珥。

4　她又懷孕生了兒子，母親給他起名叫俄南。

5　她復又生了兒子，給他起名叫示拉。她生示拉的時
　　候，猶大正在基悉。

　　　　長子，猶大給他起名；次子，妻子給他起名；三子
　　出生時，猶大不與妻子在一起；神特別記錄這事，可能
　　是為要說明——猶大對三個兒子的影響越來越少，妻子

的影響越來越多。兒子們的敗壞，是從猶大不關注「以耶和華福音信仰教養兒子」而來的。

....

6 猶大為長子珥娶妻，名叫他瑪。

　　他瑪──「棕櫚樹」的意思。

　　猶大自己的妻子，是他自己選的，但兒子「珥」的妻子，是身為父親的他為兒子揀選的。猶大為兒子選兒婦時考慮得比較周到，也會照著耶和華信仰判斷其女子的為人。他瑪，必是在猶大眼裡比一般迦南女人更賢德的女人。

　　他瑪自己，推想她可能在相親的過程裡，聽到猶大家族（亞伯拉罕、以撒、雅各）蒙神揀選、得蒙永約和蒙神賜福的見證之後，很羨慕「成為以色列家族」，而決定要嫁給猶大兒子「珥」。

　　她原是神親自所揀選耶穌基督的祖母。

　　在耶穌基督的祖母中，他瑪、喇合、路得，都是外邦女人嫁給以色列家族的；她們都像野橄欖接在真橄欖的枝子，而能一同得真橄欖根的肥汁（參考羅馬書十一章17節）。

　　在本經文裡，猶大和珥，是象徵「生長在好幾代蒙恩家族裡的基督徒」，他瑪是象徵「第一代基督徒」。

....

7 猶大的長子珥在耶和華眼中看為惡，耶和華就叫他死了。

　　我們不知道「珥」是如何的惡，但在舊約聖經裡，出現許多「在耶和華眼中看為惡」的句子（參考民數記三十二章13節；申命記四章25節，三十一章29節；士師記二章11節，三章7、12節，四章1節，六章1節，十章6節，十三章1節；撒母耳記上十五章19節；列王紀上十一章6節，十四章22節……），都共同說明了「罪惡，影響整個家族或以色列社會」的光景；藉此，我們可以猜測「珥」的惡，乃是會影響後代後世的惡，可能是拜偶像（鬼神）、淫亂、褻瀆神、輕看神所看重的事等的惡。

　　我們又可以猜測：他的惡，可能與神在本章裡特別強調「得應許之子（基督祖先）」的事有關係。他看輕了神最關注「關於基督」的事，因此，他不能加入基督家譜裡，不能從「他瑪」那尊貴女子身上得基督的祖先。

8　猶大對俄南說：「你當與你哥哥的妻子同房，向她盡你為弟的本分，為你哥哥生子立後。」

　　這就是神所定「Go'el」制度中的「收繼婚」（levirate）制度，包含著「耶穌基督代贖」的精義，也包含著「神對每一個聖民的憐憫和公平，並神看重聖徒的永生和永遠基業」的旨意，也包含著「神看重兄弟、親族，彼此相愛、祝福、幫助之美德」的旨意。神勸勉聖民而說：「弟兄同居，若死了一個，沒有兒子，死人的妻不可出嫁外人，她丈夫的兄弟當盡弟兄的本分，娶

她為妻，與她同房。婦人生的長子必歸死兄的名下，免得他的名在以色列中塗抹了。」（申命記二十五章5～6節）

關於這Go'el制度，可以參考利未記二十五章23至28、47至55節；民數記五章8節，三十五章19節等的經文。

9 俄南知道生子不歸自己，所以同房的時候便遺在地，免得給他哥哥留後。

10 俄南所做的在耶和華眼中看為惡，耶和華也就叫他死了。

俄南不想將自己的產業歸在哥哥的名字之下。

他看輕了神所看重的；在他心裡沒有憐憫哥哥和大嫂的心。他不但沒有憐憫他瑪卻嚴重污辱了她；結果，他不但失去了得神加倍賜福的機會，也不能保留屬自己的產業，連自己的命也失去了。

11 猶大心裡說：「恐怕示拉也死，像他兩個哥哥一樣」，就對他兒婦他瑪說：「你去，在你父親家裡守寡，等我兒子示拉長大。」

「恐怕示拉也死」，這句話就顯出猶大向他瑪所說的話，是騙她的。

他瑪就回去，住在她父親家裡。

他瑪，就在娘家邊禱告邊等公公再通知她的時機。

她不尋找「再婚的機會」。在她心裡唯一的心願，乃是得「以色列、猶大家族的後裔（產業）」，這就表明「她對以色列神應許的信心」：那信心，就和喇合（參考約書亞記二章9～13節）和路得（參考路得記一章16～17節）的信心一模一樣，原都是神賜給他們的信心，是凡蒙神揀選的聖民對基督福音顯出正面積極反應的信心。

....

^{12} 過了許久，

「許久」的期間，乃是神試驗堅固他瑪信心的日子，同時，是神賜給猶大「要悔改，原虧待這兒婦而應恢復的憐憫和公義」的時間。

....

猶大的妻子書亞的女兒死了。

猶大繼續遇到痛苦的事。

神為何許可這些事情發生在猶大家庭裡？

最主要的理由，還是因為猶大家庭乃是彌賽亞譜系中的家族，會有撒但特別的攻擊，所以非聖潔不可。透過這些試煉，神潔淨、精煉猶大和他的家庭。猶大妻子如此早死的事，對猶大而言，是神的管教；對他瑪而言，是神替她伸冤。

　　神必為寡婦孤兒和受委屈的人伸冤；我們必要以神的憐憫和公義對待人，不可使人心裡因我們存著冤枉。

　　在聖徒身上有神聖的使命，必有「撒但的攻擊和神的精煉」，因此，聖徒若要過平安的日子，同時也要勝任使命，就必要靠基督寶血恢復神的聖潔。

猶大得了安慰，

　　「得了安慰」，是指「過了哀悼日子之後」的意思。

就和他朋友亞杜蘭人希拉上亭拿去，到他剪羊毛的人那裡。

　　剪羊毛的時期，乃是牧人們最高興的時候，也是很容易喝酒放縱的時候；可參考撒母耳記上二十五章4、36節。

13 有人告訴他瑪說：「你的公公上亭拿剪羊毛去了。」

14 他瑪見示拉已經長大，還沒有娶她為妻，就脫了她作寡婦的衣裳，用帕子蒙著臉，又遮住身體，坐在亭拿路上的伊拿印城門口。

　　他瑪假裝妓女的樣子，要引誘公公猶大。當然，這是不聖潔的事；神嚴厲警告說：「與兒婦同房的，總要把他們二人治死；他們行了逆倫的事，罪要歸到他們身上。」（利未記二十章12節）然而，他瑪「要得後裔」的心願，已經達到「勝過死亡」的程度了；並且，那麼強烈的心願，是從她堅信神應許的信心而來的。神許可如此「不合律法的逆倫之事」而持續「彌賽亞家譜」，其難解的事情裡，我們相信必有神對他瑪的憐憫和對猶大的管教。

15 猶大看見她，以為是妓女，因為她蒙著臉。

　　當時，迦南地區受巴比倫宗教的影響，在異教的神殿裡，有了妓女（女祭司；參考何西阿書四章14節）。但神嚴厲禁止說：「以色列的女子中不可有妓女。」（申命記二十三章17～18節）

16 猶大就轉到她那裡去，說：「來吧！讓我與你同寢。」他原不知道是他的兒婦。他瑪說：「你要與我同寢，把什麼給我呢？」

17 猶大說：「我從羊群裡取一隻山羊羔，打發人送來給你。」他瑪說：「在未送以先，你願意給我一個當頭嗎？」

¹⁸ 他說：「我給你什麼當頭呢？」他瑪說：「你的
印、你的帶子，和你手裡的杖。」

他瑪如此說，是證明她事前早已預備好了具體的計
畫。印、帶子、杖，都是當時有錢財的人身上常帶著的
很重要的東西。

猶大就給了她，與她同寢，她就從猶大懷了孕。

一次同寢，就能懷了孕；很多事情的碰巧，都不是
偶然，都是在神的許可之下所發生的事。

¹⁹ 他瑪起來走了，除去帕子，仍舊穿上作寡婦的衣
裳。

²⁰ 猶大託他朋友亞杜蘭人送一隻山羊羔去，要從那女
人手裡取回當頭來，卻找不著她，

²¹ 就問那地方的人說：「伊拿印路旁的妓女在哪
裡？」他們說：「這裡並沒有妓女。」

這裡所講「妓女」的原文，是指異教神殿裡的妓女。

²² 他回去見猶大說：「我沒有找著她，並且那地方的
人說：『這裡沒有妓女。』」

23 猶大說：「我把這山羊羔送去了，你竟找不著她。
任憑她拿去吧，免得我們被羞辱。」

　　不久，神將猶大羞辱的事，在整個居民面前公開。

‥‥‥‥‥‥‥‥‥‥‥‥‥‥‥‥‥‥‥‥‥‥‥‥‥‥

24 約過了三個月，有人告訴猶大說：「你的兒婦他瑪
作了妓女，且因行淫有了身孕。」猶大說：「拉出
她來，把她燒了！」

　　猶大所講的，是指「公開處刑」，他如此做是要保
護家族的名譽。很多人像猶大一樣，看自己的軟弱而悔
改，很遲鈍；論斷、懲罰別人，非常迅速。

25 他瑪被拉出來的時候便打發人去見她公公，對他
說：「這些東西是誰的，我就是從誰懷的孕。請你
認一認，這印和帶子並杖都是誰的？」

　　此時，猶大的心情會如何？
　　他定了媳婦的罪，吩咐人「拉出她來，把她燒
了」，然後，突然透過他那麼冷待的兒婦，他軟弱羞
辱之事如此公開地被證明出來。看他承認「她比我更有
義」，想必他有認罪悔改。透過兒婦如此信心的表現，
猶大終究發現了過去自己許多「不信，不義」的表現；
他終於發現了：過去在他和他家庭裡發生的那些不幸之
事，原都是神的管教。

‥‥‥‥‥‥‥‥‥‥‥‥‥‥‥‥‥‥‥‥‥‥‥‥‥‥

26 猶大承認說：「她比我更有義，因為我沒有將她給
我的兒子示拉。」從此猶大不再與她同寢了。

　　透過後面關於猶大的記載，我們發現猶大的生命有
很大的變化。聖經在記錄猶大家譜的時候，都沒有記錄
他再娶妻子而生兒養女的事；很可能猶大從悔改之後直
到離世，就保持獨身狀態。

27 他瑪將要生產，不料她腹裡是一對雙生。

28 到生產的時候，一個孩子伸出一隻手來；收生婆拿
紅線拴在他手上，說：「這是頭生的。」

29 隨後這孩子把手收回去，他哥哥生出來了；收生婆
說：「你為什麼搶著來呢？」因此給他起名叫法勒
斯。

　　法勒斯成了基督的祖先，他就是大衛的曾祖父「波
阿斯」的七代祖先。法勒斯和謝拉二人出生的光景，很
像以掃和雅各出生時彼此爭先的光景。

　　這些事情一而再地證明：彌賽亞家譜裡的長子們，
每當他們出生的時候，必有些仇敵的干擾。這就很像每
一個聖徒蒙神呼召、拯救、成聖的過程裡，都必要經歷
激烈的屬靈爭戰。

30 後來，他兄弟那手上有紅線的也生出來，就給他起
名叫謝拉。

「法勒斯」的意思是「搶著出來」，「謝拉」的
意思是「出來或起來」。在以掃、雅各和法勒斯、謝拉
出生的光景，叫我們想起：雖然蒙恩得救都是來自「神
的主權，神的揀選」，但每一個蒙恩聖民追求神恩的樣
態，就如主說：「天國是努力進入的，努力的人就得著
了。」（馬太福音十一章12節）

1. 外邦女子嫁入猶大家族，等著她的卻是艱
難和挫折

**外邦女子「他瑪」（棕樹之意），帶著美夢嫁給猶大（基
督）家族了，但等著她的，乃是艱難和挫折。**

他瑪嫁給猶大的長子「珥」，就像外邦女人喇合和路得
嫁入「以色列家」，也像我們生來「應許之外」的子民，加
入以色列聖民的家，就像野橄欖接著真橄欖，與真橄欖的枝
子一同得取真橄欖根（耶穌基督）的肥汁（參考羅馬書十一
章17節）。

他瑪是神所揀選、所愛的神兒女，因此，當她聽到關於

亞伯拉罕、以撒、以色列的神如何恩待他們，聖靈光照她的心靈，賜給她信心，她很羨慕以色列家族而嫁給以色列的孫子、猶大的長子珥——神將如何的應許賜給他們，如何成全其世世代代的應許，並且透過他們將來生出救主彌賽亞，拯救萬民。但結婚之後，沒有想到自己會遇到那麼嚴重的苦難，她痛苦的事一而再地繼續接踵而來。

他瑪嫁給猶大家之後所遇的情況，很像很多人信主基督耶穌後所遭遇的矛盾。我們必要明白：我們為什麼信了耶穌基督？我已得了我要得的嗎？因此，真享受信仰生活嗎？也看到我的信仰生活所帶來生命內在和外在的果子嗎？若不然，問題是從哪裡來的呢？如何解決呢？

每一個人都帶著不同的目標和動機來到耶穌基督面前；有人是為得福，有人是為病得醫治，也有人則要問題得解決，或要經歷神蹟異能，或要罪得赦免，或要得虔誠的生活，或要得永生，或要認識神。

不論如何，每一個人都按自己的需要呼求耶穌基督之名，每一個人的信仰生活，也顯出不同的光景；有人是天天得著恩上加恩，感恩的心也繼續增長；有人是繼續保持飢渴慕義的心，越來越更清楚認識神的旨意，也懂得享受從天而來的恩賜和賞賜；有人是雖然飢渴慕義，卻尚未懂得享受神的能力；有人是不飢渴慕義，只維持來教會聚會的活動；有

人是自認為基督徒，但不親近神，也不來教會；有人是已跌倒再回去了世界……

每一個人所帶出來的結果都如此不同，究竟是從哪個不同而來的呢？都是從「認識基督」的不同而來。

直到我們需要基督耶穌的目的和動機完全地配合「神創造我們，重生我們，神差派基督，使祂道成肉身、死而復活、寶座掌權」的目的和動機之前，我們的信仰生活必帶著些瑕疵；因此，不但不能全然享受神在基督裡賜給我們的全備福氣，連自己想要得的也無法得著，要解決的也不得解決。

這就像經歷過五餅二魚神蹟的群眾，第二天，不能得著自己要得的而離開耶穌基督（參考約翰福音六章66節）；也像曾向主耶穌祈求給他們看一個神蹟的法利賽人，不但不能得著應允，反而得了耶穌基督「一個邪惡淫亂的世代求看神蹟」的責備（參考馬太福音十二章38～42節）；又像來到基督面前求「永生」的年輕財主，不但不能得著所求平安的答案，反而得了「你變賣你一切的所有，分給窮人，然後跟從我」的挑戰——而憂憂愁愁地離開耶穌基督（參考馬太福音十九章16～22節）；也像那位願意跟從主、事奉主的文士，不但不能得著主的歡迎，反而聽到主說「狐狸有洞，天空的飛鳥有窩，人子並沒有枕頭的地方」的話（參考馬太福音八章19～20節）。

　　連那麼蒙恩的十二使徒的班長「西門彼得」，在他尚未得著基督的目的和動機的時候，好幾次跌倒了。當他只知道「信基督所帶的——成為磐石、建立教會、得天國鑰匙的福氣，而尚未知道——基督十字架的時候，主提醒他，撒但在心裡欺騙他（參考馬太福音十六章23節），「西門！西門！撒但想要得著你們，好篩你們像篩麥子一樣。」（路加福音二十二章31節）

　　彼得，直到後來得著聖靈而真正清楚認識基督之前，他雖然愛主，甚至他的心志是願意「一同下監，一同受苦受死」（參考路加福音二十二章33節）；然而他不但不能做到自己所願意的，反而三次不認主，並且活在懼怕、憂愁、無能的狀態裡。因此，凡來到基督面前的人，若不明白「信基督的精義」，尚未恢復基督呼召他們的目的，都不能脫離彼得和使徒們所經歷過的矛盾。

2.野橄欖要接到真橄欖，必經認識神的過程

　　外邦女子「他瑪」（野棕樹／野橄欖）要接上以色列（基督身體／真棕樹／真橄欖），必要經過真正認識神（基督）的過程！

　　他瑪嫁到猶大家之後，遇到那麼多的苦難和矛盾，經歷

了那麼許久日子的考驗，她必思考過：在她婚前所聽信以色列、猶大家庭的福音信仰和見證，是真實的嗎？她所信的耶和華神，是真如猶大所分享那樣創造整個宇宙萬有並正在管理的創造主嗎？世人真是都不認識這位以色列的神，而死在過犯罪惡裡嗎？那位將來要來的神的羔羊，真是唯一使人得救的彌賽亞嗎？耶和華賜給亞伯拉罕、以撒、以色列、猶大的應許，是真會得成全的嗎？在思考的過程裡，神必光照她，使她能得又真實又活的證據，藉此，繼續堅固了她的信心。神必使她明白「得屬基督的後裔，必要經過精煉的過程，也必要得經得起考驗的信心」的事，並且，我們相信：她在向神哀哭的日子裡，必越來越多掌握「與神交通」的奧祕，並且神也安慰她，堅固她，給她看神的引導，使她逐漸成為「有信心的女人」，使她成為能生養特別的兒子「法勒斯（基督祖先）」的母親。

凡在基督裡的聖徒，都像他瑪一樣，必要經過「正確認識神」的過程。

沒有錯！凡信耶穌的人，都是神的兒女、基督的身體、君尊的祭司、萬福之源，並且已經得了永生和神在基督裡所賜的全備福氣！

但因為我們所得的身分是永遠的，所得的福氣是包括三層空間（第一、二、三層天）的，所以，那些只追求在地上

短暫日子裡的身分、地位、權利的人，無法發現神在基督裡所賜永恆全備的福氣，也無法享受到神兒女最尊貴的身分能享受的權柄和權利。基督乃是萬王之王、萬主之主，是掌管我們靈魂體、生活、時光並掌管天上、地下萬事和永恆世界的主宰，因此，不把祂當作主神，而只以貴賓對待祂，那是嚴重污辱祂了；直到把祂奉為主，在凡事上尊崇祂之前，我們都無法脫離「在基督裡遭遇的那些奇妙的矛盾」。

所以，我們要清楚知道所謂「信耶穌，決志，受洗，呼求主的名」的真意。

我們要明白如下五樣內容，並且，將其內容都要在自己的生命生活裡確認「有沒有明白而恢復了」。

（1）信耶穌的真意，是將生命生活的主權交給主

基督福音，不只是解決我們罪的問題，也不只是叫我們過虔誠的生活，乃是叫我們在二十四小時凡事上恢復信靠我們生命生活的主宰。

我們必要恢復信靠二十四小時「同在，保護，引導，供應，幫助」的主。我們信仰生活的開始，乃在於恢復信靠主；成聖的最終目標，乃在於全然恢復信靠主；在其過程裡要學習的，也是凡事上恢復信靠主；一生要學習的，乃是「如何看見主的同在和保護而得享平安，如何察驗而跟從主

的引導，如何得享主的供應並如何依靠主的幫助」。凡已恢復信靠生命生活的主宰的人，不會擔心任何事和未來，不會遇到缺乏，也不會徬徨、浪費，必能享受主所賜豐盛的生命，也會結出豐盛的生命果子。

（2）信耶穌的真意，是指「與基督同死、同復活」而得新生命！必要脫去舊人、穿上新人基督

真信耶穌基督的人，是已經清楚看到了「自己出生以來，死在過犯罪惡之中，順從邪靈，在審判、咒詛之下過日子」的光景，所以，無法再愛世界，無法再愛老我，很想快快脫去舊人，穿上基督新人。因為清楚明白「惟有與基督同死、同復活，才能得新人、新生命」的道理，所以他們明白為何耶穌基督是使人恢復信靠神、活出神的那「唯一的道路、真理、生命」。

他們知道因聽信耶穌基督福音，自己已經得了新的眼光、關心、興趣和目標，所以，他們知道「基督、神的真理和聖靈住在他們生命裡」，因此，他們不會因「已死的老我」的條件或經歷，繼續留在「內疚、自卑、挫折」裡，而能宣告「在基督裡，我已得了新造的生命」，能以在基督裡所得的新生命、新身分、新所屬、新關係、新目標、新內容來判斷自己所得一切的條件，並且繼續學習凡事靠聖靈而活的祕訣。

（3）信耶穌的真意，是指「與基督同受苦難，同得榮耀，得蒙永遠產業」

凡真信基督耶穌福音真理的人，會明白從創世記三章亞當夏娃以來，撒但掌控人心的整個世界是「在敵擋神的狀態裡」運行，也會明白神透過耶穌基督要成就的事，乃是「代替聖民受苦受死而復活，攻破撒但所掌管一切罪和死的權勢，而要拯救聖民」的事，因此，會明白在基督成全救恩大工的過程裡「非有激烈的爭戰不可」的事實。

同時，他們明白「凡信基督耶穌的，已都成了基督身體，也成了神的兒女、神的後嗣」，所以，也明白既然已成了繼承神產業的後嗣，必要「與基督同受苦難，同得榮耀基業」的原理；並且曉得為要拯救神在他們的人際關係和生命聯絡網裡安排的聖民，他們自己也要「靠基督背負屬於自己十字架」的事實；因此，他們不但不怕苦難，反而會在苦難中靠基督誇勝，而能繼續能保持感恩、盼望、喜樂的心，並能日日多得永遠的基業和冠冕。

（4）信耶穌的真意，是指「成為眾人的僕人，而拯救人，醫治人，服事人」

既然成了基督的身體，基督徒就要按基督生命生活的目標和原理而活。

　　基督來世的目的：「並不是要受人的服事，乃是要服事人，並且要捨命作多人的贖價。」（馬可福音十章45節）主又說：「你們中間最小的，他便為大。」（路加福音九章48節）「你們中間誰願為大，就必作你們的用人；誰願為首，就必作你們的僕人。」（馬太福音二十章26～27節）

　　凡驕傲、好強或輕視弱者的人，絕不能發現「成為眾人的僕人」之人所看見而享受的福氣，無法得享「喜愛服事的人」所享受的權利，也無法天天加添「安慰祝福人」所帶來的「永生基業和冠冕」。

　　凡那些「認識基督真理之後，越來越驕傲，容易論斷人，常常比較，自卑自憐，嫉妒人，或輕視卑微者」的人，都是尚未認識基督，尚未真信基督的。

　　惟有「在基督裡真正看到自己軟弱的真相，時常蒙主憐憫並得蒙主的服事和牧養」的人，才能分辨「誰是主所愛、所憐憫的人，誰是主叫他多服事的人」，而能享受「服事神所愛的人」所帶來莫大的恩膏和祝福，因而能享受越來越蒙神重用並發展的人生。

（5）信耶穌的真意，是指「恢復基督，活出基督，見證基督」，而要生養「基督後裔」

神按自己的形像造我們的目的，是要透過我們顯出祂的

榮耀、智慧和能力,而管理祂所造的世界,使我們與祂一同享受祂的喜樂。

神在基督裡重生我們的目的,也不只是叫我們過聖潔的生活,更是為要住在我們裡面,使我們成為祂永生的兒子,並要叫我們活出基督榮美的生命,也傳福音做見證而能多得永遠的肢體,與基督一同召聚聖民,建立永國,一同作王,一同做新事,一同享受永生福樂。

為此,主基督將父神的旨意都啟示我們,並將聖靈賜給我們,在天上寶座右邊於我們禱告的同時,住在我們生命裡,也運行在我們的人際關係裡,正在天天成就祂那救恩大工。因此,我們終身的異象異夢,乃是「多多恢復基督,活出基督,見證基督,而要多得在基督裡永遠的肢體」。目標對,才能叫所走的腳步都對;得了這正確的人生目標,我們才能在自己的條件和所遇的一切人事物上得著神的旨意和帶領。

3.等他瑪更看重「生養猶大(以色列)兒子」時,神成全她的心願

結婚之後,人人都自然會得的兒女,為何他瑪是那麼的難?不但是難,為何還要經歷失去兩個丈夫的痛苦?為何要經過「偽裝妓女,引誘公公,取公公的種子」那悖倫的過程

才行？為何神對待她是那麼特別？

唯一的答案就是，所要生的兒子不是普普通通的兒子，乃是「要生基督的祖先」！

她要生的「法勒斯」，是出世之前，必要有「撒但猛烈的攻擊」，因此需要他父母的禱告，也需要「他父母的生命得成聖」之過程。

不但是他，在他前面的祖先和後面的後裔，凡要「生基督的父母」，都要經歷跟他一樣特別的經歷。他的祖先亞伯拉罕、以撒、雅各、猶大，都經過特別成聖的過程，才能得兒子；他的「後裔」──撒門（娶了耶利哥城的妓女喇合）、波阿斯（娶了失去過丈夫的摩押女人路得）、大衛（娶了烏利亞的妻子拔示巴）、約瑟（娶了耶穌母親馬利亞）等，也都經過特別的過程，才能得兒子。

從亞伯「因信基督而殉道」開始，直到如今的整個人類歷史，就證明：「凡屬於基督」的聖民，在他們出生、成長、重生、成聖、事奉的過程裡，都要經歷「世人不會經歷」的特別經歷，並且每一個人所擁有的條件和所經歷的見證，沒有一樣的，都是獨一無二的。他們的條件和所遭遇的事情，都叫他們成為「非虛心、非哀慟、非飢渴慕義不可」的人；他們每一個人都要經歷特別成聖的過程。

聖徒在成聖的過程裡，神向他們要的，乃是「放棄自己

的心願，而要得神的心願」：因為神想「將最好的」給所愛的兒女；人在世界裡要得的無論如何美好，都不如神所預備那「極重無比永遠榮耀」的生命、基業和福樂。那榮耀的生命、基業和福樂，都是神在基督裡為兒女們所預備的。

「屬基督」的猶大和他瑪，都要通過「將自己的心願，轉為神的心願」的過程；「屬基督」的我們，也跟他們一樣，都非通過那過程不可。

基督救恩和神在基督裡賜給我們那麼豐盛的全備福氣，都是神所賜白白的恩典，沒有一人是「靠自己的虔誠或行善」而能得的。

但，尚未真正認識基督、恢復基督（神在聖徒身上的所願）之前，我們就不能享受那「神在基督裡所賜的」福氣，不但不能享受，反而會繼續不斷地遇到各種矛盾和挫折，直到「恢復基督」為止。因為神愛我們，所以祂絕不會放任我們──為得「短暫、屬肉、屬世的福氣」，就失去「永遠、屬靈、天國的福氣」。

神真盼望──每一個聖徒都在基督裡得永遠國度的異象，在神賜給他們獨一無二的條件、關係、事情裡都能得神的義（基督福音／神的旨意），而能活出基督，見證基督，召聚基督肢體，建立基督永遠的國度。

　　每一個聖徒在得取永生基業上，都會有差異，是從哪裡而來的？

　　是從每一個人為基督國度得異象、得憤恨、委身程度的差異而來，並且，其委身程度的差異，乃是從每一個人認識基督的差異而來。

　　保羅說：「我也將萬事當作有損的，因我以認識我主基督耶穌為至寶。我為他已經丟棄萬事，看作糞土，為要得著基督。」（腓立比書三章8節）他又說：「我為你們起的憤恨，原是上帝那樣的憤恨。因為我曾把你們許配一個丈夫，要把你們如同貞潔的童女，獻給基督。我只怕你們的心或偏於邪，失去那向基督所存純一清潔的心，就像蛇用詭詐誘惑了夏娃一樣。」（哥林多後書十一章2～3節）父神如「父親憤恨兒女被仇敵擄去」般地憤恨聖徒被撒但擄走，主基督如「丈夫憤恨自己的妻子愛別的男人」般地憤恨自己的新娘（聖徒）不夠認識祂，而不能丟棄愛世界、愛糞土的心。凡尚未得著保羅那樣的眼光和心腸的聖徒，他們的問題都不在別處，乃在於不認識基督的至寶。他們遇到許多艱難的事，其實是「多幸」的事；因為那就是基督為他們起憤恨的顯明，是「基督愛他們，聖靈戀愛他們至於嫉妒（參考雅各書四章5節）」的證據。

　　直到他們真正「認識基督，而全然歸向神」，神那「如

死之堅強」的愛情和那「如陰間之殘忍」的嫉恨絕不息滅
（參考雅歌四章6～7節）。

神不會放棄一直試驗亞伯拉罕的事，直到「他終於認識
基督，上摩利亞山，獻上比自己的命更愛的獨生兒子以撒」
的地步。

神不會放棄一直精煉他瑪的事，直到她終於做到「比自
己的性命和名譽」更看重「得兒子（要生基督的祖先）」的
地步。神如何帶領我們「信心的列祖」，如今還是一樣帶領
我們的日子。

因為，神愛我們是祂兒女的程度，原是愛到「勝過愛自
己的性命（為我們捨去獨生兒子耶穌基督）」的程度。

親愛的弟兄姊妹，你的一生是否像猶大、他瑪一樣，一
直繼續不斷地遇到各樣艱難的事？是否不知道如何解決？今
天，主告訴我們的問題不是別的問題，乃是「不夠認識基
督」的問題，是「尚未發現神對我們的愛情是達到哪種程
度」的問題，是「我們愛主基督，尚未達到超過愛自己性
命」的問題，是「我們的心願尚未轉到神的心願」的問題。

在尚未解決那問題（不夠愛神）之前，我們無論如何認
真地研究、分析我們所遇的問題，靠我們自己是無法解決問
題的。

因此，主勸勉我們，叫我們不要繼續摸索我們的問題，

乃要「多多認識基督」。在認識基督的過程裡，我們就自然會得著「以認識基督為至寶」的眼光，也會得著「愛基督，愛神愛人」的心腸，也能得著恢復永國的異象；並且，在這些過程中，很快就看到「問題已不成為問題，自己的生命越來越多恢復基督榮美的生命，也享受基督裡豐盛生命」的光景！

禱告

　　親愛的主啊，感謝祢透過「猶大家庭的問題和他瑪得兒子」的見證再一次堅固我們。他們的一生，乃是我們聖民一生的寫照，是在基督裡成為一體的聖民要經過的共同經歷。

　　主啊，正如詩人所述，「惡人興旺，常享安逸，財寶加增」，然而祢的聖民在世的一生，卻好像「終日遭災難，每早晨受懲治」的樣子。因此，我們心懷不平，也因不明白其所以然，我們的信心就常常被搖動。直等到我們像那位詩人一樣，當我們進到祢的聖所，思想惡人和我們聖民的結局，我們才恍然大悟。原來祢把惡人安在滑地，使他們掉在沉淪之中；轉眼之間，他們就成為荒涼，也被驚恐滅盡了。然而，祢因為愛我們，暫時把我們帶到

危難中，從中呼召我們，以基督福音拯救我們，並且以聖言和聖靈醫治我們，以訓言引導我們，並將極重無比永遠的榮耀天天加在我們的永生生命裡。

主啊，他瑪所遭遇的情況是祢許可而成的；她心裡所懷的心願，是祢所賜的；都是為要成就將要生出基督後裔，完成救恩大工，並要建立基督永遠的國度所需經過的過程。

祢是創造我們的耶和華；是造成我們的神，我們是永遠屬於祢的聖民。我們所擁有的條件，都是祢所賜的；我們走過的路徑，都是祢一路引導的；我們心裡的所願，都是祢許可的；這一切，都是祢用來給我們成為基督生命和永生的基業。我們立志行事，原都是祢在我們心裡運行，為要成就祢的美意。雖然外表看來我們都在籌算自己要走的路，但指引我們腳步的，原來是祢！

主啊，這道理太深奧，是我們不能全然明白的。然而我們要一生尋求，學習，思索，行在祢的道上，才能臻至完美的地步。

主啊，我們既然在基督裡已得了那全備的福氣，我們應當棄絕從前尚未認識基督時從私慾所懷的意念，而要得著在祢心中為我們所存的心願。願

我們在餘生寶貴的時光中，能以祢賜給我們的條件
多得著基督，也多得到屬基督的屬靈後裔。

主啊，我們已看見祢所說，「要收的莊稼多，
做工的人少；許多尚未被祢得著的子民，在各種問
題裡困苦流離，如同羊沒有牧人一般」。我們照祢
的應許，祈求祢多多興起工人，打發他們；也求祢
多多使用我們。

我們也看到祢預言：在這末世的末日，許多似
是而非的福音肆意攻擊主的教會，牢籠迷惑主聖
民。主啊，我們怎能不為祢教會而激發祢的憤恨
呢？我們要委身為主的教會禱告，也要認真傳播主
賜給我們的以馬內利福音。願我們為時代所獻的禱
告並所傳的福音都蒙祢悅納，願我們能得著更多時
代的精兵，也能得著有能有力的屬靈後裔。

主啊，求祢按祢給我們的應許，速速成全那榮
美的善工。阿們！

第五十七章

神同在，約瑟就百事順利

　　約瑟被帶下埃及去。有一個埃及人，是法老的內臣——護衛長波提乏，從那些帶下他來的以實瑪利人手下買了他去。約瑟住在他主人埃及人的家中，耶和華與他同在，他就百事順利。他主人見耶和華與他同在，又見耶和華使他手裡所辦的盡都順利，約瑟就在主人眼前蒙恩，伺候他主人，並且主人派他管理家務，把一切所有的都交在他手裡。自從主人派約瑟管理家務和他一切所有的，耶和華就因約瑟的緣故賜福與那埃及人的家；凡家裡和田間一切所有的都蒙耶和華賜福。波提乏將一切所有的都交在約瑟的手中，除了自己所吃的飯，別的事一概不知。約瑟原來秀雅俊美。

（創世記三十九章1～6節）

1.約瑟所遇人事物都是為異夢得成全（1節）

約瑟被帶下埃及去。有一個埃及人，是法老的內臣——護衛長波提乏，從那些帶下他來的以實瑪利人手下買了他去。

約瑟遇到那麼多一般人不能遇到的艱難，是因為「神愛他，神要賜福與他，神要重用他」。若沒有那些過程，一個只有在父親膝下的寵兒，不能成為「能拯救以色列和萬民」的約瑟。

雖然，他所遇的很多事情，看起來與「他所得的應許、異象、異夢」不太有關係，甚至相背，但一個一個原都是神成就那異象的過程。他得了兩個夢後，不但沒有得著哥哥們的支持，反而更被厭棄，甚至最終被賣了，這樣他才能脫離一直只活在「被嫉妒的寵兒」的捆鎖中，而能來到「使他的異夢得成全」的埃及。

成了奴隸，看起來與那尊榮的異夢一點關係都沒有，但神為他安排的乃是「伺候法老的護衛長波提乏」的家庭；在那家庭裡，神教導恩膏他，使他得著管理大家庭的智慧。他的情況越來越好，得了主人的信任和支持，看起來異夢快要得成全的時候，他突然被誣告而坐牢；但那原不是「異夢得成」被取消的事件，乃是快捷得成之路被敞開的事件；在那

裡神為約瑟安排法老的酒政和膳長，使他更多學習政治、外交以備作宰相。

　　神透過約瑟的異夢得成就的過程，清楚地告訴我們，聖徒在基督裡所得的應許、異象、異夢，將必豐盛榮耀的成就；也告訴我們一個聖徒得應許之後，他所遇的一切人事物——都是神為要給他成就應許而安排的。在這整個過程裡，當然也會有人的軟弱和仇敵魔鬼的攻擊，但神開始的善工——神就必成全；神必保守「有應許異象異夢的聖徒」的心懷意念，神必叫一切的遭遇——為要成全那異象異夢而互相效力。酒政和膳長所遇的事、他們所做的夢、法老所做的夢，連那七年的豐年和旱年的天氣，也都是神為要那「祂在約瑟和以色列家裡開始的救恩大工」得以成全而安排的事。

　　約瑟乃是預表基督耶穌；他得見的異夢，乃是預表列國萬民因基督得救，並且都要跪拜主基督。

　　凡在基督裡的聖徒，都與約瑟一同得了那從天而來的同一個異象異夢。約瑟與我們同蒙聖父、聖子、聖靈呼召的，擁有了一信、一洗、一體和同一個基業，一同成了基督的身體；只是時代、情況、角色和個別的使命不同而已；原來我們同約瑟都是在一位基督裡，為要顯明基督的榮耀並成全基督救恩，而承擔並遵從主基督的一個事奉。

　　約瑟在基督裡得了「拯救將來要祝福萬民的以色列家人

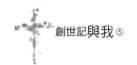

（十二族長支派）」的夢，然後神給他成全了屬於他的分；我們每一個聖徒也都在基督裡，得了「活出基督，拯救透過我們生命神要拯救的家人、親友、未得之聖民」的應許和異夢。若我們也像約瑟一樣蒙恩而信從神的帶領，神必一樣豐盛榮耀地成全賜給我們的異象異夢。

當時，約瑟所得一切的條件、所遇一切的遭遇，都互相效力而成為他所得的異夢得成全的工具和通道；那麼，一樣的，今日我們所得所遇的一切，也都在我們所得的異象異夢得成全上必蒙主重用。在永恆時光裡，不會有另一個成功是比「成為神的兒女、基督身體、聖靈的殿、君尊的祭司而與基督永遠一同作王」更大的成功；不會有另一個異象異夢是比在基督裡所得「活出基督，拯救多人，得取永遠榮耀的基業」更大的異象異夢；也不會有另一個遇見是比「為要成全其榮耀之夢而遇的」更重要的遇見。過去，若沒有遇到那些不如意、哀慟的事，沒有得了虛心、飢渴慕義、清心的性情，我們如今則無法遇到至尊至高的主耶穌基督，無法恢復神的國，無法得著那榮耀的異象，也無法得享生命福樂。

　　我們現在和未來的腳步，都是為要「多得基督，見證基督」而走的。已得了如此單純人生目標的人，便為有福！

他們就能享受「凡他們所得所遇的條件和情況，都成為神的祝福和獎賞」的福氣。神已在基督裡賜給我們全備福

氣；我們要享受的福氣，不在於未來，乃在於現在愛我們與我們同在的主。應許和異象將必得成，但經過如何的過程，將來如何得成，乃是在主，今日的「察驗、順從、享受主」，乃是在於我們。

像約瑟一樣，已得了從神而來的異夢並深信那異夢是將必得成的人，在所遇的事情和情況裡都會尋找神的旨意和帶領，並且會看到神的指教，會順從，會得著神所賜的恩賜和賞賜，也會步步享受與神親密相交、同行而喜樂。他的生命會顯出主基督的榮美，顯出神的智慧和能力，也會得著神所安排遇見的祝福，會得著許多同蒙呼召的聖民；在其過程中，他會越來越多得美好的見證，也會得著經得起考驗的信心，因此他的禱告和所講的信息和見證都發出大能的功效。

凡已知道結果的人，是在過程裡忍耐而不會著急或灰心的；凡知道自己所要歷經的爭戰「是已得勝」的人，在爭戰中不會膽怯，而能保持剛強的心，也能顯出得勝者的權能；凡堅定了旅行的目標地，拿了地圖，也有導遊的人，在整個旅程裡都能帶著平安的心享受旅程，並且也會看見自己的腳步越來越靠近目的地而喜樂。

主已將「將必成就的事」都告訴我們了；只要信，我們就能享受「知道自己的未來，肯定每一個腳步的人能享受」的一切福分。

在我們步步享受與主親密相交、同行的日子裡，我們就很快看到主賜給我們的應許全都豐盛榮耀地得成全的光景。主正在引導我們這永生的生命一天新似一天，恢復主基督榮美形像；主必引導我們所愛所代禱的家人、肢體、親友一一都蒙恩得救，與我們一同敬拜讚美主；主必給我們看見，「得救的人數即將很快得滿足，天門打開，主率領千千萬萬的天使在他們的吹號讚美中降臨，我們都得榮美的復活身體而被提，在空中與主相會，得生命的冠冕，與主一同進到新天新地永遠的聖城裡，與主永遠一同作王、做新事、一同享受福樂」那榮耀的光景。哈利路亞，阿們！

2.神與約瑟同在，他就百事順利（2節）

約瑟住在他主人埃及人的家中，耶和華與他同在，他就百事順利。

聖徒所得最大的福氣，乃是「神同在」！

神與我們同在，我們還要什麼？我們還怕什麼？會有什麼問題？

凡尚未以「神同在」為最大的滿足和喜樂的人，會在他們前面人生的道路上還要遇到許多不滿足的事，也會繼續不

斷地承受著不安、憂慮、挫折、灰心等等的心情。直到真正以耶和華神為「唯一的也是最完整」的盾牌、山寨、依靠、賞賜之前，人都不能得享「百事順利」的全備福氣。

難道神只與約瑟同在嗎？神不但與約瑟同在，也與萬民都同在！

萬民都活在神裡面，活在神所造、所管理的時空裡；萬民都是神親自所造的，他們生命有氣息，那就是神保護托住他們生命的證據。

神同在，是永遠不改變絕對的事實，人之所以看不見神的同在，都是來自不尋找神的緣故。真心尋找神，人人就都能看見神；親近神，就會看見神親近他們；祈求——就必得著；信從——就必得著百事都順利的福氣！

所以，「神與約瑟同在」的意思，是指——約瑟隨時隨地都尋找神而尋見了神的同在和引領，他順從依靠神了，因此神在約瑟所做的百事上顯出神的恩賜和賞賜。

「百事順利」，並不是指「沒有遇到難處」的意思，乃是指「神的幫助、成就和賜福，在百事裡都顯現出來」的意思。遇到苦難的時候，比平時多得七倍的恩膏和祝福就臨到愛主、順從主之人的身上。

約瑟的生命能顯出比眾人更豐盛的恩典和能力，是因為他所遇到的挑戰都比眾人大。

　　他所遇到的苦難何等大！他被哥哥們憎恨，甚至到了差一點被殺的程度。得蒙父親大愛的寵兒，被哥哥們賣掉，突然在外地變為奴隸了。在埃及陌生之地，每次想到「父親以為他死了，為他哀哭」的時候，他的心會何等疼痛？若神將十三年之後要發生的事預先給他看，也告訴他：「約瑟，忍耐一下，透過這些過程，你必成為埃及宰相，並能拯救你的家族和時代。」他還是會帶著盼望忍耐自己所遇的情況吧？但，神不會那樣做，因為神要鍛鍊他的信心，要他在任何情況裡都能信賴神的慈愛、全能和信實，要他靠信心而能看見與他同在的神，要他信靠神賜給他的應許和異夢而能察驗到神在凡事中的引導。

　　神所看重的不只在於工成之時的美好結果，更是在於過程中的與神親密相交和同行，並在每一個腳步裡要得的恩膏和獎賞。情況隨時都會改變，但在任何情況裡，神都必與我們同在，並且叫愛神、順從神之人得著萬事互相效力所帶來的益處。這是永遠不變絕對的事實，所以只要我們願意，就都能得享「百事順利」的福氣。然而，要得享那福氣，就必要曉得「能察驗並順從神的旨意」的祕訣。

　　神已賜給我們比約瑟所得更美的啟示，叫我們能隨時隨地更清楚地享受以馬內利的福氣。

　　耶穌基督乃是以馬內利啟示的完成；因此耶穌基督的名

字就是以馬內利。

我們已看見了基督的道成肉身、死而復活、寶座掌權，藉此，已信而得了聖靈，不但如此，我們還比約瑟多得了四千年榮耀的見證。

恢復以馬內利的祕訣，就在於——

（1）與基督同死、同復活而得「基督身體」的新生命——恢復神兒女、生命目標、基督的眼光、神為的方法。

（2）認識聖靈——使我們聽信基督福音，得兒子的靈，以神的話指教我們，時常感動我們，賜智慧、能力、恩賜於我們，結出生命的果子，傳福音見證基督。

（3）不斷地吃靈糧、喝靈水——靠著聖靈，學習、確認、默想、背誦、順從神的話。

（4）不住地與神交通——靈魂的呼吸、保持事實實況、神的引導、保持權能。

（5）凡事上與神同行——活出基督，榮神益人，見證基督。

要得更完美的以馬內利，就必要繼續不斷地操練；並且，要總動員我們——知、情、意的全生命，來更深更活潑地認識、熱戀、順從父神、主基督和聖靈——我們親近神，

神必親近我們！

3.神與約瑟同在，使他辦的事盡都順利（3～4節）

他主人見耶和華與他同在，又見耶和華使他手裡所辦的盡都順利，約瑟就在主人眼前蒙恩，伺候他主人，並且主人派他管理家務，把一切所有的都交在他手裡。

約瑟在主人眼前蒙恩，得了主人的心，乃是神在聖經裡教導我們「在職場生活中蒙神大恩，也在老闆和同事眼前蒙恩」的最理想的見證。

主教導我們說：「你們作僕人的，要凡事聽從你們肉身的主人，不要只在眼前事奉，像是討人喜歡的，總要存心誠實敬畏主。無論做什麼，都要從心裡做，像是給主做的，不是給人做的，因你們知道從主那裡必得著基業為賞賜；你們所事奉的乃是主基督。」（歌羅西書三章22～24節）

我們基督徒，是基督的身體，主基督住在我們裡面，所以，我們在地上得了什麼身分、地位和事情，都是「活出基督」極尊榮的工具；並且我們只按著主的教導而做，就都能得著約瑟所得著的美好見證。主人想在自己的工人身上看到

怎樣的生命、心態和作風？主人波提乏怎能在約瑟身上看到「神與約瑟同在」？

（1）透過約瑟心靈的感恩和喜樂

約瑟在服事他主人的時候，他帶著「不是給人做，乃是給愛他的主神做」的心態，他雖然面對人事，但他是「存心誠實敬畏主」的。所以無論遇到何種情況，他總是能保持「感恩喜樂」的心。

在波提乏家裡有許多僕人，主人在約瑟身上很快看到他那與眾不同的生命和言行。他雖然是個奴隸，但生命發散出來的形象，一點也不像奴隸，看不到在一般奴隸身上會有的「卑屈奴相」；雖然他的態度很謙卑恭遜，但總是顯出些「王子自尊」的「神氣」，而使人不能隨便對待他。有些從天上、靈魂深處湧出來的平安、喜樂，從他的生命裡發散出來，很快就吸引住眾人的心。

約瑟的生命能顯出那種「神氣」，並不是因為他生來所得的生命特別，乃是因為他的靈魂是持續面向神尊貴的榮光。人的生命正如一面鏡子，鏡子向著哪個景色，就會顯出那種景色；每當我們的靈魂帶著王子尊貴的身分，面對父神的榮耀、慈愛和聖潔的時候，我們的生命就會自然而然顯出神一切的榮美來，影響周圍的人。

認識基督福音的結論，乃是「常常喜樂，凡事謝恩」；基督福音，就向我們發散出神那無限的慈愛、聖潔和榮光，使我們在任何時候都能享受神的恩典和喜樂。

（2）透過約瑟為人的正直和誠實

主人很快發現了約瑟所講的每一句話全然符合實況，他從早到晚的作息非常誠實，根本不需要監督他。不久，主人容許約瑟不需要什麼報告，甚至「將一切所有的，都交在約瑟的手中，除了自己所吃的飯，別的事一概不知」（參考創世記三十九章6節）。

亞伯拉罕喜愛他的僕人「以利以謝」的程度到「把他當作繼承自己一切產業的後嗣」（參考創世記十五章2～3節），那位僕人在為主人的兒子找妻子的事上顯出何等的誠實，遠超過主人向他要求的（參考創二十四章）！約瑟和以利以謝的那種正直和誠實，是時常站在無所不在、無所不知之神面前而活的人才能夠做到的；他們的行事為人，都不為討人喜歡而做，都帶著「存心誠實敬畏主」的心，要得神的喜悅而做的。人勝過一切試探和控告的祕訣，乃在於「站在神面前，討神喜悅」——他們就必「從主那裡，必得著基業為賞賜」（參考歌羅西書三章24節）。

（3）透過約瑟做事的智慧和能力

主人波提乏看到從約瑟進來他家庭之後，「凡家裡和田間一切所有的都蒙耶和華賜福。」（創世記三十九章5節）主人希奇驚訝，觀察約瑟做法的時候，就發現，他做事，都是——

a. 有很清楚的目標。

b. 也有優先次序。

c. 按每一個人的才幹分配工作。

d. 每天必有檢討反省（不會遇到惡性循環的失敗、繼續尋找更有功效的做法）。

e. 也善於安慰、鼓勵、幫助人，因此人人都真實喜愛、尊敬他。

他能得那種智慧的做法，都是從凡事上都仰望主而得。「敬畏耶和華是智慧的開端；認識至聖者便是聰明。」（箴言九章10節）「你們中間若有缺少智慧的，應當求那厚賜與眾人、也不斥責人的神，主就必賜給他。」（雅各書一章5節）

（4）透過約瑟見證神，喜愛祝福人

我們基督徒，理所當然地「務要傳道；無論得時不得時，總要專心」（參考提摩太後書四章2節），然而，帶來最上好功效的傳福音、做見證，乃是「人在我們生命生活

裡，看見了神的同在、幫助和賜福，過來問我們，我們帶著謙卑溫柔地回答」。

約瑟的主人「見耶和華與他同在，又見耶和華使他手裡所辦的盡都順利」（參考創世記三十九章3節）。當我們順著聖靈而行，顯出聖靈榮美果子的時候，在我們周圍的眾人都必羨慕，也會過來問我們得享平安的緣由，會問：「你們夫妻相親相愛，一同得享福樂的祕訣，從哪裡來？你們養育兒女的祕訣是什麼？你興旺事業的智慧從哪裡得？」

基督活在我們裡面，基督一切的寶貝都在我們生命裡，要顯明神莫大的能力，因此只要願意，我們就能顯出基督的榮美來，很快使人看見我們生命與眾大有不同的證據。最要緊的祕訣就在於——我們的眼光不放在「成功」，乃放在「愛神、愛人」，並且在小事上忠心，主就喜悅我們，必在我們所做的凡事上顯出祂的賞賜來，也將更重要的事託付給我們做。

主說：「好，你這又良善又忠心的僕人，你在不多的事上有忠心，我要把許多事派你管理；可以進來享受你主人的快樂。因為凡有的，還要加給他，叫他有餘；沒有的，連他所有的也要奪過來。」（馬太福音二十五章21、29節）大衛按心中的純正牧養父親託付給他的羊群，所以神揀選他，從羊圈中將他召來，叫他牧養自己的百姓雅各和自己的產業——以色

列（參考詩篇七十八篇70～72節）！

4.因約瑟的緣故，神賜福與那埃及人的家（5～6節）

自從主人派約瑟管理家務和他一切所有的，耶和華就因約瑟的緣故賜福與那埃及人的家；凡家裡和田間一切所有的都蒙耶和華賜福。波提乏將一切所有的都交在約瑟的手中，除了自己所吃的飯，別的事一概不知。約瑟原來秀雅俊美。

若我們聽到「我們的家人、肢體、親友，都因我們的緣故，蒙受了耶和華神所賜的祝福」的話，我們會何等喜樂！

若我們所愛、所代禱的每一個人和他們的家庭，因著我們的禱告和祝謝而得救、成聖，成了多人的祝福，何等感恩喜樂！

只要信而做，我們也能像約瑟一樣，能成為多人和時代的祝福。那是神賜給祂所有兒女的特權。「我必叫你成為大國。我必賜福給你，叫你的名為大；你也要叫別人得福。為你祝福的，我必賜福與他；那咒詛你的，我必咒詛他。地上的萬族都要因你得福。」（創世記十二章2～3節）神賜給亞伯拉罕的這應許，是指著「萬福之源耶穌基督」而說的，是

因為亞伯拉罕乃是「神的兒女，基督的身體，君尊的祭司」的緣故，所以將必成就出來的應許，是「凡在基督裡的基督身體（神的兒女）」共同得著的應許（參考加拉太書三章29節）。

「惟有你們是被揀選的族類，是有君尊的祭司，是聖潔的國度，是屬神的子民，要叫你們宣揚那召你們出黑暗入奇妙光明者的美德。」（彼得前書二章9節）「一切都是出於神，祂藉著基督使我們與祂和好，又將勸人與祂和好的職分賜給我們。」（哥林多後書五章18節）「你們要去，使萬民作我的門徒，奉父、子、聖靈的名給他們施洗。凡我所吩咐你們的，都教訓他們遵守，我就常與你們同在，直到世界的末了。」（馬太福音二十八章19～20節）如今我們蒙恩蒙召而成了基督身體，這都是神自己的作為；我們每一個聖徒擁有著獨特的條件、人際關係和聯絡網，那就是神親自安排「有神的永遠計畫」。

從信主之後，我們心裡常有聖靈的感動和指教，我們雖然不完全，但還是努力按著神的旨意而活，那也是神活在我們裡面、活在我與人中間的證據。我們蒙恩得救之後，因信神告訴我們「整個黑暗世界和基督福音的事實情況」，而為我們所愛、所遇見的人天天舉手禱告，那也原是神在我們心靈裡的作為。因此，我們為神所託付的人們禱告，連一聲歎

息也都會蒙神聽見，神都會按時間表成就，也會遠超過我們所求所想地成全。

我們要深信「基督一切的寶貝放在我們這瓦器裡，要顯明這莫大的能力」（參考哥林多後書四章7節）；雖然看起來我們是個普普通通的瓦器，但那永遠無窮地顯出神莫大能力的寶貝已在我們裡面了；我們每一個聖徒，原都是「萬福之源」。若我們能掌握「不靠瓦器，而靠裡面寶貝」的祕訣，曾經在亞伯拉罕、以撒、雅各、約瑟、眾先知、眾使徒等我們信心列祖身上發生的事，在我們與他們同蒙呼召的生命、人際關係、聯絡網裡，必一樣會發生的。阿們！

為要更有能力、更有功效地祝福自己並祝福神託付給我們的生命，在此，我們要確認以下關於「福」的真理事實。

什麼叫「福」？清楚知道，我們就才能辨別「真正的福」，也能多得享並多分給人！

（1）約瑟雖然自己沒有任何財產，但他就是「福源」，使多人得福

「福」──原不是指「擁有多財產」的，乃是指「擁有賜一切全備福氣的神」，也是指「現在享受那神所賜全備福氣」的。

其實，人在世上每天所需要的不多，只不過是三碗飯、

一套衣服和一張床。所以，提摩太前書六章8至10節說：
「只要有衣有食，就當知足……貪財是萬惡之根。有人貪戀錢財，就被引誘離了真道，用許多愁苦把自己刺透了。」很多人是為要得錢財，天天犯罪；在得的過程裡、在保管過程裡、使用的過程裡，都犯下害人的罪。人來世上的目的，原是要祝福人、得人的生命，且要得著永生冠冕和基業。但那些貪財的，都往相反的方向（受審判、受咒詛）奔跑。

財物，原是得了多少就有多少的責任，將來在神面前都要算帳。他們不知隨時會離開世界的事實，只想積攢財物，然後留給兒女，叫兒女們因不勞而獲的財產跌倒。

我們要相信主告訴我們的話，要相信主向我們揭開的事實。主都告訴我們：我必按你們的需要，每天給你們，因此要吃得喜樂、喝得喜樂、用得喜樂；先求神的國和神的義（關於你們永生福樂的事），這一切都會加給你們；你們要成為有智慧又聰明的好管家，將你們得的一切分給需要的人，若你們在這小事上忠心，我必將更大的事交託給你們；若你們也像基督一樣，為要使萬民成為富有，甘願處於貧窮，你們的獎賞是最大的。

只要我們願意按主的教導而做，就能立刻開始活在「最完美、最豐盛的全備福氣」裡！我們不要只羨慕約瑟，我們也能享受他所得享的「祝福自己的永生，也祝福萬民」的福氣。

（2）「福」透過「分享」（叫人得福）繼續加增

透過我們得福的人越多，神賜給我們的福也會越多，且那噴出一切福氣「福源」的出口，也會越來越擴大。

「福」，並不只是指「屬世屬肉的福」，更是指「能成為永存的福」；那就是「我自己的靈魂越來越恢復基督榮美」的福，也是「透過我的生命叫更多人得同樣永存之福」的福，是「透過我所祝福的人，繼續祝福更多人」的福，是繼續得著神所張開「蒙恩遇見」的福，是「我們的禱告都蒙主悅納、應允」的福，是「我的禱告成為時代的祝福」的福。

以利亞雖然只擁有著一張駱駝皮衣，只吃烏鴉早晚叼來的食物，但他就使撒勒法的寡婦得福；以利沙雖然什麼都沒有，但使許多人得福；保羅雖然一無所有，但使萬民都得富有了。他們所享受、所分享的福氣，不但成為當時的時代大福，也成了幾千年直到如今聖民的福氣。神將同樣那無限的福源──基督耶穌賜給我們了，只要願意，我們也能得享那種福氣，也能成為許多人的祝福。

（3）「福」透過「聽從神的話並遵行」之人顯明出來

「福」，是透過「聽從神的話並謹守遵行」之人的生命、人際關係和生活裡顯明出來的。

我們已經看到了申命記二十八章1至14節所宣告神那全

備福氣，在歷世歷代何等真實地成全在許許多多蒙恩愛主、遵從主的聖徒和他們後裔身上的證據。「你若留意聽從耶和華——你神的話，謹守遵行祂的一切誡命，就是我今日所吩咐你的，祂必使你超乎天下萬民之上。你若聽從耶和華——你神的話，這以下的福必追隨你，臨到你身上：你在城裡必蒙福，在田間也必蒙福。你身所生的，地所產的，牲畜所下的，以及牛犢、羊羔，都必蒙福。你的筐子和你的摶麵盆都必蒙福。你出也蒙福，入也蒙福……」（申命記二十八章1～6節）阿們！

我們要背記這蒙神大福的經文，要常常默想、暗誦，要每天在凡事上遵從主，要確認這應許成就在我們身上的證據，也要用來祝福所愛的家人、肢體、親友，特別要用來囑咐、祝福我們的兒女、後代。

遵從主——主就開始向我們敞開為我們所預備的道路，如同開車時，我們行進，導航機才能開始指示當走的路。

遵從主——當我們遵從主的時候所需要的智慧、能力、恩賜，主繼續加在我們身上。

遵從主——我們在遵從主的路上所禱告、所做、所講的都能得主成就。

遵從主的帶領——我們就能得著新事、新恩、新功課。

因此，遵從主就使我們得著並分享與人的「真福」越來越多，並且繼續豐盛無窮！

　　願我們每一個當代的聖徒都能明辨上述的三種「真福」，掌握「盡享其福，並能分享與人，成為今日約瑟」的祕訣。阿們！

第五十八章

蒙神重用前必要
勝過試驗

　　波提乏將一切所有的都交在約瑟的手中，除了自己
所吃的飯，別的事一概不知。約瑟原來秀雅俊美。這
事以後，約瑟主人的妻以目送情給約瑟，說：「你與
我同寢吧！」約瑟不從，對他主人的妻說：「看哪，
一切家務，我主人都不知道；他把所有的都交在我手
裡。在這家裡沒有比我大的；並且他沒有留下一樣不
交給我，只留下了你，因為你是他的妻子。我怎能作
這大惡，得罪神呢？」後來她天天和約瑟說，約瑟卻
不聽從她，不與她同寢，也不和她在一處……

　　　　　　　　　　　　　　（創世記三十九章6～23節）

哥林多後書四章6至7節說：「那吩咐光從黑暗裡照出來的
神，已經照在我們心裡，叫我們得知神榮耀的光顯在耶
穌基督的面上。我們有這寶貝放在瓦器裡，要顯明這莫大的能
力是出於神，不是出於我們。」因為我們已經聽見基督十架
福音而信了，因此，現在活著的，不再是我們，乃是基督在
我們裡面活著，並且我們如今在肉身活著，都是要「因信靠
信從愛我為我捨己的神的兒子耶穌基督而活」。因為我們就
是基督的身體，所以，基督活在我們裡面，主基督要將天上
的智慧、能力、恩賜、賞賜繼續不斷地賜給我們。我們的思
想、表情、作為和言語，應該都要顯出神透過我們生命生活
彰顯出祂那莫大的能力，而要榮耀神、祝福人。

　　然而我們的生命生活，尚未能全然地顯出神的榮光和能
力，是因為我們生命裡還有些阻擋神的榮光和能力的瑕疵。
若沒有除掉那些瑕疵，我們不但不能顯出神的榮耀，也不能
勝過仇敵魔鬼的試探，因而羞辱神、絆倒人，也毀壞自己的
永生生命和基業。

　　因此，從亞當、亞伯、塞特開始到如今，凡信耶穌基督
的聖民，都必要經過試驗——在火爐裡被精煉的過程（參考
彼得前書一章6～7節；雅各書一章2～3節）；凡沒有經過精
煉的生命，都無法成為神使用的器皿。

　　信心之父亞伯拉罕，若尚未勝過「在摩利亞山上獻上獨

生子以撒的試驗」，他和他的後裔就無法得著「仇敵的城門」，也無法得著「四大福音化」的永生基業。

約瑟，那擁有神永遠榮美的計畫、並得了異夢的人，我們凡信基督的聖徒都得了跟他一樣神的愛、應許和異象，而在他所得的異夢得成全之前，是必要經過這火裡的精煉。那勝過試探、試驗的人，魔鬼認識他而怕他，他自己也肯定了——神如何愛他，叫他如何得勝而能得著坦然無懼、剛強壯膽的生命。

一個聖徒，一生在自己生命的成聖和拯救祝福多人的過程中，在要面對的激烈的屬靈爭戰裡，那種無有瑕疵的清潔生命、經得起考驗的信心、對自己生命的肯定，是不可缺少的兵器。

我的生命得成聖到何等地步？曾經歷過哪些試探、試驗？正在面對哪些試探、試驗？我已得了勝過試探、試驗的祕訣沒有？

神所預備更美好的聖工和榮耀的基業，正在等候著我們。願主多多光照我們，潔淨堅固我們。阿們！

讀經

6 波提乏將一切所有的都交在約瑟的手中，除了自己所吃的飯，別的事一概不知。約瑟原來秀雅俊美。

7 這事以後，約瑟主人的妻以目送情給約瑟，說：「你與我同寢吧！」

　　波提乏的妻子，就象徵試探聖民的大淫婦（參考啟示錄十七～十八章）；約瑟蒙神重用之前，必要通過這場考驗。

　　現在約瑟所面對的試驗，是遠超過他的哥哥們給他的試驗。

　　（1）要勝過自己的情慾。

　　（2）要勝過女主人天天執拗的引誘。

　　（3）要勝過女主人的威脅——因她能決定約瑟的生死。

　　（4）主人波提乏發現如此的情況。

　　在此，我們要再一次確認行淫所帶來嚴重的結果。

　　「人所犯的，無論什麼罪，都在身子以外，惟有行淫的，是得罪自己的身子。」（哥林多前書六章18節）因此，行淫的人，就得病，也破壞自己的夫妻關係，也害自己的兒女後代。

　　淫亂，會造成個人、家庭和整個社會的破壞；因

此，惡魔用來毀壞人，神的烈怒和審判也在行淫的個人、家庭、社會大大顯明出來；如同挪亞時代、所多瑪蛾摩拉的問題，都是婚姻和行淫上的問題。

今日主快要來的時代，就正如主所預言的，淫亂的靈、文化、風氣，透過網站媒體充滿在整個世界裡；其淫亂的程度，已達到了挪亞和所多瑪蛾摩拉時代的地步。我們和我們的兒女，正活在這樣淫亂的時代；我們所面對的挑戰實在很大。

凡不能脫離淫亂之靈的人，是無法看見偉大榮耀的異象，也無法蒙神使用；但，在如此淫亂的時代，就像約瑟一樣能勝過淫亂的誘惑，能保持聖潔的人、家庭和教會，神就必在各方面大大重用他們和他們的兒女。

8　約瑟不從，對他主人的妻說：「看哪，一切家務，我主人都不知道；他把所有的都交在我手裡。

9　在這家裡沒有比我大的；並且他沒有留下一樣不交給我，只留下了你，因為你是他的妻子。我怎能作這大惡，得罪神呢？」

我們要學習約瑟這樣斬釘截鐵地拒絕。他拒絕女主人引誘的理由和語氣非常清楚，並且使女主人感到內疚；他說：

（1）絕不可以如此對待那麼信任我的主人。

（2）我提醒妳，妳是我主人的妻子。

（3）妳要知道這不是祕密，乃是妳和我在神面前，<u>我絕不可以在神面前得罪神。</u>

每當遇到試探的時候，我們要把問題帶到神面前，要得著神的指教，堅固心志，截然拒絕；不可以留在曖昧的狀態。

10 後來她天天和約瑟說，約瑟卻不聽從她，不與她同寢，也不和她在一處。

從魔鬼而來的試探，不會是「單一性」的，<u>必會天天持續再來</u>；因此，若是遇到持續反覆而來的試探，必要集中禱告，必要斥責趕逐魔鬼，也要謹守自己的心懷意念。

情慾方面的試探，是透過眼睛和思想而來的；最好不要看、不要想、不要聽、不要摸。我們要記得始祖亞當夏娃不能勝過試探而跌倒，就是來自於「繼續地看見」。女人見──那棵樹的果子好作食物，也悅人的眼目，且是可喜愛的，能使人有智慧，就摘下果子來吃了；又給她丈夫，她丈夫也吃了。

11 有一天，約瑟進屋裡去辦事，家中人沒有一個在那屋裡，

12 婦人就拉住他的衣裳，說：「你與我同寢吧！」約瑟把衣裳丟在婦人手裡，跑到外邊去了。

　　女主人的試探，已達到拉住約瑟衣裳的程度；試探的另一特徵，是如此執拗的，並且氣勢越來越猛烈。因此，頭一次遇到試探的時候，必要抓住神的旨意而堅決，也要保守自己的心懷意念。

13 婦人看見約瑟把衣裳丟在她手裡跑出去了，

14 就叫了家裡的人來，對他們說：「你們看！他帶了一個希伯來人進入我們家裡，要戲弄我們。他到我這裡來，要與我同寢，我就大聲喊叫。

15 他聽見我放聲喊起來，就把衣裳丟在我這裡，跑到外邊去了。」

16 婦人把約瑟的衣裳放在自己那裡，等著他主人回家，

17 就對他如此如此說：「你所帶到我們這裡的那希伯來僕人進來要戲弄我，

18 我放聲喊起來，他就把衣裳丟在我這裡，跑出去了。」

　　女主人的作為，完全就是「作賊的喊抓賊」；她的淫亂之情，幾次遇到約瑟的拒絕，如今變為忿怒、憎恨

和報復。因為魔鬼幾次試探我們之後，若不成，牠就會開始逼迫我們。所以當我們拒絕試探的時候，也要預測會有這樣的結果而預備心。既然，我們站在神面前，靠神而勝過試探，我們就知道神必保守我們到底，並且將祂所預備榮美的計畫，透過我們經得起考驗的過程美好的展開並成全。

19 約瑟的主人聽見他妻子對他所說的話，說「你的僕人如此如此待我」，他就生氣，

20 把約瑟下在監裡，就是王的囚犯被囚的地方。於是約瑟在那裡坐監。

　　約瑟信實地走公義道路的結果，就是遇到了被誣告下監獄。

　　看起來，他很冤枉，但這乃是神把他更進一步帶到──異夢得成全的過程。其實，神所賜給聖徒最大的賞賜，乃是我們──信任神、信從神、信靠神的本身。我們是沒有能力可以造成任何情況，但我們可以在任何情況裡愛神愛人，能享受神所安排的恩典，也能步步跟從神；那每一個腳步就是神最喜愛的腳步，也是繼續加添永遠冠冕的腳步。經文中，沒有記錄「約瑟埋怨或控告女主人的不是」之事。但他知道──神在凡事上居首位，神掌管一切，他信賴了神，深信了神為他安排的，必是對他最好的。

21 但耶和華與約瑟同在，向他施恩，使他在司獄的眼
　　前蒙恩。

　　　與約瑟一樣同得享受以馬內利神的人，所遇到的問
題越嚴重，他們就得蒙神的恩典也越多。約瑟被誣告而
下監的事，原不是倒楣的事，乃是他從「波提乏家庭學
校」──學習了管理一大戶家庭的課程中，畢業之後，
就上了「法老的高官被囚的監獄學校」──要學習統治
埃及整個國家的課程，進入那高級班課程的事。

　　　神與約瑟同在，也一樣與我們同在；若我們掌握了
約瑟得享以馬內利神的祕訣，我們也能看見神在凡事上
施恩於我們的光景，也能得享「周圍人的眼前蒙恩」的
福氣。

　　　我們勝過試探考過了神的試驗之後，會蒙受另一個
很寶貴的賞賜，就是我們對自己生命的肯定和祝福；我
們就能享受骯髒污穢的人不能享受的自尊和坦然無懼、
剛強壯膽。因此，禱告、做事、表情、說話都能發出神
的權柄和能力；也會看見那只有清心的人才能看到的大
異象，因為我們的清心，可以叫我們「沒有折扣地」照
著神所賜原本豐盛的應許，能看見那從天而來榮耀的異
象，並且也會看見神為那些勝過試探之清潔的器皿所預
備的貴重之事。

22 司獄就把監裡所有的囚犯都交在約瑟手下；他們在
　　那裡所辦的事都是經他的手。

23 凡在約瑟手下的事，司獄一概不察，因為耶和華與
　　約瑟同在；耶和華使他所做的盡都順利。

　　約瑟來到監獄裡，監獄的司獄和囚犯都因他得了神
所賜的福。並不是好的環境造成好人，乃是好人造成好
的環境；並不是好的環境能顯出天國，乃是靠天而活的
人才能顯出天國。天國並不在於具備什麼特別好條件的
地方，乃在於神同在的地方；人的蒙福，不是來自什麼
好條件，乃是來自依靠萬福之源——神。

1.不清潔的生命都不能蒙主使用

　　凡不清潔的生命都不能蒙主使用，使用前，神必試驗
人。

　　保羅對屬靈兒子提摩太說：「凡稱呼主名的人總要離開
不義。在大戶人家，不但有金器銀器，也有木器瓦器；有作為
貴重的，有作為卑賤的。人若自潔，脫離卑賤的事，就必作貴
重的器皿，成為聖潔，合乎主用，預備行各樣的善事。你要逃
避少年的私慾，同那清心禱告主的人追求公義、信德、仁愛、
和平。」（提摩太後書二章19～22節）合乎主用的那貴重的
器皿，並不是「金器銀器」，乃是「自潔，脫離卑賤的事，

而成為聖潔」的器皿；神無法使用有些「有學問、地位、才幹」的人，乃要使用「真信神的話，而得了神的心願、眼光，厭惡罪惡，喜愛親近神、跟從神」之聖潔的聖民。

過去的整個歷史，告訴我們「那些少數聖潔的聖民」，都是像約瑟、摩西、大衛、他瑪、喇合、路得、哈拿……一樣，在世都遭遇過各種哀慟之事，在其被精煉的過程中，清楚「遇見神，認識神，經歷神」而得了潔淨的人。

聖徒的生命若尚未經過試驗（精煉），尚未恢復清潔，就必遇到以下六樣的結果。

（1）絕不能勝過撒但的試探

我們聖徒的一生，是與撒但爭戰的日子；撒但試探或控告我們；若尚未得了「在基督裡能得的聖潔」——聽信基督十架福音，悔改，受洗，從罪和死的律得釋放，得聖靈，明白神的旨意而順從，並且繼續得潔淨，我們就無法勝過撒但隨時的攻擊。

主說「先要捆住壯士，才能搶奪他的家財」（參考馬太福音十二章29節）；又說「打仗之前，先坐下酌量我們能不能勝戰」（參考路加福音十四章26～35節）。在基督裡，我們已得了「在任何情況裡，都能得勝有餘」的條件；但惟有「真信基督，背起自己的十字架跟從基督，並繼續潔淨自己

生命」的聖徒，才能勝過撒但。

尚未得清潔的生命，則在他們地上的日子必要經歷的那「天路歷程」中，終必要遇到「不能過關」的試探而必跌倒，如同羅得、倒斃在曠野的以色列人、掃羅、年輕財主、底馬……

（2）看不起自己，無法享受基督的權能

看不起自己，因此無法享受基督的權柄和能力。

雖然享受基督權能的根基，並不在於人，而在於基督，但當我們活在罪中（或有尚未解決的罪）的時候，我們就不能勝過魔鬼的控告而失去「自尊」；因此，我們就不能享受靠著「向神坦然無懼的心」才能享受的權柄和能力。

（3）無法見異象、做異夢、說預言

無法見從天而來的異象，做異夢、說預言，而且限制眼界、縮小疆界、削弱能力。

雖然，神在基督裡已賜給我們永遠的應許和將必得成全的預言（神的話），藉此無限的聖靈也住在我們裡面，但，當我們的關心興趣被捆於這世界，並活在罪中的時候，我們就不能看見那聖徒應該要看見榮耀的異象，也不能做異夢、說預言。

惟有那些「真信神的話，靠聖靈禱告，與神同行，而保持聖潔生命生活」的聖徒，才能得著神的異象，也能享受得神異象的人才能享受的智慧、能力、恩賜和賞賜。這就是，那群「倒斃在曠野的以色列民」和約書亞、迦勒，在擁有同樣的應許和條件之下卻顯出相反表現的原因。

（4）地上寶貴的光陰都浪費了

將地上寶貴的光陰都浪費在宴樂中。

聖徒在地上的日子所擁有的條件和有限的時光，何等寶貴；因為都是要用來榮耀神、祝福人、建立永國的，也是用來要得取永遠的基業和冠冕的。箴言二十九章18節說：「沒有異象，民就放肆。」只思念地上之事的人，不但不能得著從天而來的異象，也不能得享從上頭而來的智慧和能力，卻只能活在「被捆於世上憂慮」的狀態裡。

（5）禱告不能蒙應允

雅各書四章3節說：「你們求也得不著，是因為你們妄求，要浪費在你們的宴樂中。」聖民的禱告與異教徒禱告的不同，乃在於聖民禱告的內容都是在「信從神的話」的根基上得聖靈的光照而得的。因為神愛兒女，要給「真有益於兒女」的福氣，所以神無法應允他們「靠私慾而祈求」的禱

告，因為應允了反會害他們。

（6）一生的工程被火燒、受虧損

在那日，一生的工程被火燒、受虧損。

我們一生所做的工程，當我們進神國的時候，必要經過火（參考哥林多前書三章10～15節）；在那時，一切我們不靠神的引導、智慧、能力和恩賜所做的工程，都要被燒而不能進入真神的國。惟有「在地上時，經過試驗，早已被火燒而精煉」的工程，才能通過那火。

基督徒非勝過不可的試探和試驗：

（1）財物的試探

蒙召的聖徒，頭一個要通過的試驗，乃是財物（瑪門）。若是不能通過，就不能享受神所賜「豐裕，好管家，得永生肢體」的福氣，並且他們的生命是「已經跌倒，成了瑪門鬼的俘虜」的狀態。提摩太前書六章8至10節說：「只要有衣有食，就當知足。但那些想要發財的人，就陷在迷惑、落在網羅和許多無知有害的私慾裡，叫人沉在敗壞和滅亡中。貪財是萬惡之根。有人貪戀錢財，就被引誘離了真道，用許多愁苦把自己刺透了。」使人能勝過「貪財」試探的祕訣，乃在於真正遇見「供應一切需用」的阿爸天父，並且明白神賜財

物的目的，用來「榮神、益人、建立國度」。

（2）宴樂的試探

關心興趣而不能脫離世上宴樂的人，是不能得見從天而來神聖榮耀的異象，不能得享從上頭而來的智慧、能力、恩賜和賞賜，也必將生命、能力、財物和時光都浪費在宴樂中。

其實，他們生命的光景是留在尚未脫離世界之靈的狀態。這樣的人，若要事奉神，會叫許多人跌倒的，因此神無法使用他們。

如何能勝過宴樂的試探？其祕訣就在於清楚經歷「享受屬靈世界的滋味，要遠超過世界宴樂」的事實，也要看清聖靈所賜的「平安、喜樂、盼望、智慧、能力、恩賜和賞賜」的寶貴。

（3）地位與權勢的試探

要比別人強的人是不能建立屬基督屬天的團契；因為建立世界的原理與建立神國的原理，是完全相反的。主說：「你們知道外邦人有君王為主治理他們，有大臣操權管束他們。只是在你們中間，不可這樣。你們中間誰願為大，就必作你們的用人；誰願為首，就必作你們的僕人；正如人子來，不

127

是要受人的服事，乃是要服事人，並且要捨命，作多人的贖價。」（馬太福音二十章25～28節）我們要知道真正拯救、醫治、造就人的權柄，乃是從「憐憫、溫柔、謙讓和服事」而來。對已明白這奧祕的聖徒而言，那些地位和權勢，則是人人都要給他也會拒絕的。

（4）情慾的試探

淫亂背後，必有「淫亂污穢的靈」魔鬼的試探，神無法使用那種不潔淨的生命，並且，總有一天遇到嚴重跌倒的試探。

流便，因與父親的妾同寢，而失去了長子的名分；以色列的力士——士師參孫，因不能勝過情慾的試探，被淫婦大利拉欺騙，失去力量，眼睛被仇敵剜出來。大衛那麼蒙恩的神僕，也只因一次的犯姦淫，給仇敵（魔鬼）提供了把柄，犯了更嚴重的罪而謀殺了忠臣；魔鬼叫神所重用的僕人在整個聖民和萬民眼前大大蒙羞，使刀劍不離開他的家庭，帶來女兒被家兄強姦，失去了四個兒子的性命，兒子押沙龍的叛逆，兒子在白晝以色列百姓眼前污辱了父親的妃嬪們，甚至要殺父親大衛。

對身體健康的人，尤其對青年而言，情慾的事，是不容易能克服的試探。但得勝的祕訣，就在於「時常要活在神面

前」，也要看透其背後魔鬼「要滅絕我們、配偶、兒女、後裔，並要毀壞我們事工」的陰謀，並要努力避開受引誘的機會。

（5）名聲的試探

若要看一個人成聖的工夫，就以「在他面前講他的壞話」來試試。這試驗是已經通過了前述四樣試驗的人，也不容易通過的試驗了。但，若沒有勝過名聲方面的試探，在事奉的過程裡，常常會上魔鬼的當，會顯出許多軟弱的樣子，造成許多負面的情況。

真正認識「自己的軟弱無能、神的憐憫和施恩」而靠神的能力事奉的人，不但不會關注人的看法，也不會喜愛人的稱讚。他們就像保羅一樣，更喜歡誇自己的軟弱，因為盼望基督的能力覆庇他們；也會因為基督的緣故，就以軟弱、凌辱、急難、逼迫、困苦為可喜樂的；也會見證「我什麼時候軟弱，什麼時候就剛強」的奧祕（參考哥林多後書十二章9～10節）。當我們看見他們所看見的，喜愛他們所喜愛的，並且單以「得主的喜悅和稱讚為最大的成功和滿足」的時候，我們才能真正勝過那名聲方面的試探。

2.活在神面前的人才能勝過試探

惟有像約瑟一樣活在神面前的人，才能勝過一切的試探！

人生帶來的罪性（私慾），隨著認知和肉體的成長，會越來越得更多的試探。

人受試探，是從亞當「聽從古蛇的謊話，違背了神的話而靈死，肉眼明亮」的時候開始的；凡亞當夏娃的後裔，都在罪和死的律裡生長。看起來兒童很天真，但在他們生命裡罪性的本質，是與「說謊、偷竊、犯姦淫、殺人」等成人的生命所帶著的罪性一模一樣的，兒童的天真，並不是因為他們沒有罪性，乃是因為他們尚未認知「哪一個是帶給他們益處」罷了。雖然，我們從來沒有教導他們犯罪，反而教導他們行善，但，在他們生命裡都能發現「貪心、嫉妒、搶奪、憎恨」等的罪性，也會看到隨著認知和肉身的成長，越來越受更多的試探，越來越多犯罪的光景。若遇到狀況，人人都會犯任何種的罪。因此，我們都要承認「自己的罪性、軟弱、無能」的事實，並且，也不要「因受試探的軟弱現象而被捆在自卑內疚裡」，也不要放棄「來到神面前蒙憐憫，得力量，而能勝過試探」的勇氣。

我們的忍耐、努力、意志，根本無法叫我們能脫離罪性，

也無法能勝過魔鬼堅持到底的試探！

　　若能，神應該會說，你們多多努力吧；主基督根本不需要被釘在十字架上了。

　　所以惟有在基督裡，與基督同死、同復活而得神所賜的新生命（真理、寶血、聖靈所生的），也透過道成肉身的基督耶穌能看見神，活在神的面前我們才能勝過從魔鬼、肉體、罪性而來一切的試探。

　　若要靠忍耐、努力、意志力勝過試探，我們不但不能勝過，反而會落在更大的自卑內疚裡；在沒有除掉私慾的狀態裡，我們就是無法勝過試探；在沒有脫離罪和死的律的狀態裡，我們就是無法勝過罪和死的權勢；在尚未得著神的話和聖靈光照的狀態裡，我們就是無法勝過魔鬼撒但謊言的權勢；在尚未得知基督寶血赦罪的事實和父神那永遠無窮、無條件的大愛，我們就是無法勝過魔鬼晝夜的控告，無法恢復愛神愛人的心，也無法恢復坦然無懼、剛強壯膽的心靈。因此，惟有在基督裡，我們才能勝過一切的試探。在勝過試探上，我們人的忍耐、努力、意志力也需要，但我們的努力不可以在靠自己的能力上，乃要在「看見神，跟從神，依靠神」上。

　　凡尚未除掉「隱而未現的罪」的人，乃是尚未恢復「活在神面前」的；除非他們心眼被打開而能看見神，他們就是無法

脫離那些的罪！

　　人若知道有監視攝像機正在監視他的時候，就不會犯罪；人活在神面前的時候，也就不會犯罪。

　　換句話說，人在他人面前時和自己獨處時的不同，以為別人不知道而犯罪，都是因為在他們眼前沒有神。以利沙的僕人基哈西以為主人不會知道，而去找痲瘋病得醫治的乃縵將軍，向他說謊而得取禮物藏在自己家裡，然後見主人以利沙。以利沙問他說：「基哈西你從哪裡來？」他回答說：「僕人沒有往哪裡去。」以利沙對他說：「那人下車轉回迎你的時候，我的心（靈）豈沒有去（看到）嗎？因此乃縵的大痲瘋必沾染你和你的後裔，直到永遠。」基哈西從以利沙面前退出去，就長了大痲瘋，像雪那樣白。當人以為無人能知道我的心和行為的時候，就會犯罪；非信徒都是如此！

　　但，問題是在「說自己是信神」的信徒中間，也有許多犯「隱而未現之罪」的人。他們那樣軟弱，是因為他們像基哈西一樣看不見神，或常常忘記神的無所不在、也無所不知。不但人犯罪的問題，那些常常不安、懼怕、憂慮等的問題，都是都從「看不見神」的問題而來的。

　　神不但看見我們的外體，聽見我們的言語，也看透我們心靈深處的意念，比我們自己更清楚認知我們的一切了。耶利米書二十三章24節說：「耶和華說：『人豈能在隱密

處藏身，使我看不見他呢？』耶和華說：『我豈不充滿天地嗎？』」

大衛說「祢將我們的罪孽擺在祢面前，將我們的隱惡擺在祢面光之中。」（詩篇九十篇8節）；他又說：「主啊，祢的眼目時常在我們身上，我們坐下起來，祢都曉得，祢知透我們深處隱藏的意念。我們往哪裡去躲避祢的靈，我往哪裡逃躲避祢的面？我們若升到天上，祢在那裡；我若在陰間下榻，祢也在那裡。黑暗也不能遮蔽我們使祢不見，黑夜卻如白晝發亮；黑暗和光明，在祢看都是一樣。主啊，求祢鑒察我們，知道我們的心思，試煉我們，知道我們的意念；看在我們裡面有什麼惡行沒有，引導我們走永生的道路。」（參考詩篇一三九篇）若我們得了大衛的眼光，我們就不但不會犯罪，也會得著「合乎神心意」的生命、意念和言行。

3.如何能時常活在神面前？

（1）要恢復正直清潔的靈魂

「清心的人有福了！因為他們必得見神。」（馬太福音五章8節）

神從未離開過我們，我們原是神所造所關懷所引導的。我們看不見神，是因為我們的眼睛尚未得開；我們的眼睛尚

未得開，是因為我們尚未全然相信神跟我們講的話。

雖然，我們聽而明白了神的話，但總是不能看見神，不能順從神，是來自我們私慾的遮蓋和阻擋。所以，惟有真信認罪悔改「不活在神面前」之罪的人，才能得著那正直清潔的靈魂。「我們若認自己的罪，神是信實的，是公義的，必要赦免我們的罪，洗淨我們一切的不義。」（約翰一書一章9節）但人能聽信神的話而認罪悔改，也原是神所施的恩典。神安排福音使者使所愛的兒女聽福音，聖靈找聽福音之人的心，藉此悔改的時候，他的生命得潔淨（受聖靈的洗），罪得赦免，並領受聖靈（參考使徒行傳二章36～39節）。

（2）看見宇宙萬有都述說神的慈愛、公義、能力

看見神的同在，並看見整個宇宙萬有，都述說神的慈愛、公義、能力、榮耀的光景！

人聽見福音，悔改，而得聖靈之後，眼睛得開，會看見「諸天述說神的榮耀，穹蒼傳揚祂的手段」的光景，也會聽見「這日到那日發出，這夜到那夜傳出，通遍天下，傳到地極」的神的聲音（旨意）（參考詩篇十九篇1～3節）。

並且，藉著整本聖經明白了整個歷史是為要「見證基督，得著聖民，建立永國」之後，就在過去歷史和我一生中會看到神的經綸，也會知道將來要發生的事，同時也會看到

神顯在我和萬民中的作為。一次得了這種蒙恩的眼睛，一生都能享受以馬內利神；雖然有時會忘記或失去眼光，但何時仰望主，就何時都能恢復以馬內利。聖徒的努力應該放在維持這眼光，保持神恩的事情上。

（3）看見神的話和聖靈運行在我心靈裡

看見神的話和聖靈，藉著我信基督福音，運行在我心靈裡的光景！

神是道，是靈，是道成肉身來到我們中間的耶穌基督，是住在信基督福音之人的心靈裡的神。人要遇見神，必要透過基督耶穌，看見基督的就已看見神了（參考約翰福音十四章6～7節）；人要與神親密相交、同行，必要透過神的話和聖靈的感動（參考約翰福音四章24節），如此才能超時空地與神交通（參考約翰福音四章21節）。信基督福音的精義，乃在於：

a. 得基督神兒子的新生命，成為基督身體。

b. 因此，深信透過基督代贖，永遠脫離了罪和死的律。

c. 發現神對我永遠不變長闊高深的大愛。

d. 恢復神創造並重生我的永遠目的，學習神在凡事上的美意。

e. 喜愛與神交通同行。

信如此基督全備福音的人，必會發現自己的靈魂，與未信之時有很大的變化；那變化，就是聖靈的作為；聖靈賜給我們神兒子的靈，賜給我們愛神、愛人、愛神國神義的心，賜給我們平安、喜樂、自由，也賜給我們喜愛與神與人和睦的心；聖靈開竅了我們的靈眼，光照、感動、指教我們，也將各樣美好完善的智慧、能力、恩賜、賞賜繼續不斷地賜給我們。

在我們的心裡必要確認這些聖靈的事，並要多多認識聖靈。

（4）與神親密相交，得神旨，順從神，依靠神

不住地與神親密相交，得著神的旨意，順從神的帶領，依靠神所賜的能力！

我們繼續要學習與神「更深、更親密、更實際」交通的奧祕。每天，藉著所遇各樣的人事和情況，要多多認識父神的慈愛、主耶穌基督的恩惠、保惠師聖靈的感動和指教，直到二十四小時與神同行。要記得主基督掌管天上、地底下所有的權柄，透過地上聖民的靈魂體和人際關係，天天活出「傳福音，拯救人，醫治人，建立永國」的實況；也要記得「我們正活在仇敵掌權的世界裡，仇敵魔鬼藉著我們的肉體、環境和周圍不信神的人，時常試探我們」的實況。什麼

時候放鬆了，什麼時候我們就會受到仇敵的攻擊；我們的生命生活明證那樣的實況；因此，我們就非要「二十四小時，穿戴全副軍裝，靠聖靈隨時多方禱告」不可（參考以弗所書六章10～18節）。那樣的生命生活，並不是指「要緊張」的意思，相反的，乃是指「警醒謹守，而維持剛強、仁愛、聖潔、自由、平安、喜樂的生活」的意思。

惟有在真理、基督、聖靈裡，我們才能得著真正的自由（參考約翰福音八章32節；加拉太書五章1節；哥林多後書三章17節）。凡真正享受聖潔所帶來的自由、安慰、智慧、稱讚的人，才能分辨罪惡、放縱所帶來黑暗勢力的捆綁和毀壞，因而會厭惡罪惡，喜愛聖潔。

（5）學習、確認、默想、背起神的話

不斷地學習、確認、默想、背起神的話！

這樣的工夫，會叫人得著聖靈很敏銳的感動。隨著我們靈命的成長，我們就更明白神深奧的旨意；這就如同人隨著三歲、七歲、十二歲、二十、三十、四十歲的成長，對父母心意的瞭解是越來越更清楚。

人靈命的成長，與肉身和心意的成長不同；信主日子的長短，與靈命的成長是無關的；叫人的靈命成長的不是歲月，乃是靠著「吃靈糧、喝靈水、呼吸聖靈」。

　　若要靈命迅速成長並要堅強，其訣竅不在別處，只在於——多學習、揣摩、背誦神的話，多靠聖靈與神交通，多經歷與神同行。

　　神的話，乃是無限的聖靈默示的，因此，當我們邊讀邊揣摩神話語的時候，聖靈無限的亮光就顯明在我們心靈裡，使我們的靈魂體、人際、生活都能得醫治，得以完全，而能行各樣的善事（參考提摩太後書三章14～17節）。

　　神的話，乃是能攻破仇敵一切試探和控告的「聖靈寶劍」（參考以弗所書六章17節），也是在拯救、醫治人上，帶出「有活潑又有功效」的兩刃利劍（參考希伯來書四章12節）；能記起神的話的人，在禱告、趕鬼、傳福音、輔導人上，會得著很大的力量和功效。

（6）聖靈光照，隨時認罪悔改，潔淨自己

　　按聖靈的光照，隨時都認罪悔改，潔淨自己！

　　若要活在神面前，我們要保持聖潔的生命生活。我們在每天的生活服事中，常常會遇到「想錯，做錯，講錯」的事情；在靈戰中必會有流血，在奔跑的路上必會有流汗；因此，我們必要時常潔淨自己。我們必要保持「向神蒙愛蒙憐憫而坦然無懼，向人憐憫、仁愛、祝福、服事，向鬼得勝有餘，剛強壯膽」的心；為此，我們必要保持「聖潔和自由」

的靈魂體和生活。我們要謹慎「過分地指責自己或別人」，不然，我們就很容易被魔鬼的控告捆綁，而落到「怕神，自控，論斷人」的矛盾裡；因此，我們要明辨聖靈擔憂和魔鬼控告的不同；那分辨的眼光是從「認清基督十架福音，而得父神對兒女的心意」而得的。大衛說：「得赦免其過、遮蓋其罪的，這人是有福的！凡心裡沒有詭詐、耶和華不算為有罪的，這人是有福的！」（詩篇三十二篇1～2節）那樣得蒙基督寶血遮蓋的大恩大福的人，才能保持「所遇一切的人事都是神的恩惠和慈愛」的眼光（參考詩篇三十二篇）。

4.勝過試驗的清潔生命能享受的福氣

（1）得享神所賜的平安喜樂，身體健康

會得享神所賜的平安喜樂，身體健康，得著神的引導，凡事盡都順利！

「因為耶和華與約瑟同在，向他施恩……耶和華使他所作的盡都順利」。約瑟所享受的這全備福氣，是他在經過試驗的過程裡所得享的福氣。

凡屬於基督的聖徒，是都已得了神所賜的那全備福氣；但若要像他全然得享，就必要經歷他所經歷的試驗，也要得著他在試驗中所得「靠神」的祕訣。

大衛，讚美神而說：「我將耶和華常擺在我面前，因祂在我右邊，我便不致搖動。因此，我的心歡喜，我的靈快樂；我的肉身也要安然居住。因為祢必不將我的靈魂撇在陰間，也不叫祢的聖者見朽壞。祢必將生命的道路指示我，在祢面前有滿足的喜樂；在祢右手中有永遠的福樂。」（詩篇十六篇8～11節）

在這詩裡，詩人所遇的情況，並不是平安無事的情況，乃是在「陰間」（苦難）裡的情況，是在「凡人則會搖動，會憂愁，會不安，會絕望」的情況。但，他的靈魂仍然能歡喜，身體仍然能安然居住，仍然能享受「神右手中的福樂」，是因為他已掌握了「將神常擺在他面前」的奧祕，也是因為「深信神必搭救他，看到神將生命的道路指示他」。

聖徒，是因為不屬於這世界裡，所以不得不活在「各種的屬靈爭戰」裡；因此，聖徒在地上的日子裡若要得享平安喜樂，必要掌握「靠著主，倚賴神的大能大力，作剛強的人」的祕訣（參考以弗所書六章10～18節），也要經過許多種的爭戰，而要得經得起考驗的信心。聖徒，是「在患難中也是歡歡喜喜的；因為知道患難生忍耐，忍耐生老練，老練生盼望；盼望不至於羞恥，因為所賜給我們的聖靈將神的愛澆灌在我們心裡。」（羅馬書五章3～5節）

神所呼召並要重用的聖徒，是必要經過老練；那老練，

不是靠自己而得的老練，乃是靠神「透過聖靈將祂的愛澆灌在心裡」而得的老練。惟有「在患難中，才能看見神所顯明比平時七倍多的恩惠慈愛，而能歡歡喜喜」的聖徒，在任何情況裡都能打破仇敵一切的詭計，而能成全神榮美的計畫；因此，神尚未重用祂的工人之前，必在各種的患難裡訓練他們「隨時隨地都依靠神」。

那神所賜「靈魂歡喜，身體健壯，凡事興盛」的福氣，不是將來才能得享的，乃是只要信而察驗，就會發現「現在」已經在我們這信基督之人的生命裡。

（2）坦然無懼、剛強壯膽，顯出神的權柄和能力

會坦然無懼、剛強壯膽，並且思想、表情、行事和言語，都能顯出神的權柄和能力！

凡是與約瑟同居住的人，都看到了耶和華如何與他同在施恩；他的為人、表情、舉動、做事、言語、智慧、能力與眾不同，都是神透過他生命的顯現。

試煉，不會叫他失去神恩，所經歷的試煉越大，他的生命「除去瑕疵，成為聖潔」越純淨，藉此所顯出神的榮美也越完全。神所賜的，不是膽怯的心，乃是剛強、仁愛、謹守的心（參考提摩太後書一章7節），但，心裡有詭詐、有私慾並帶著隱而未現之罪的人，是因為無法勝過魔鬼的控告，

所以就不能享受神所賜蒙愛蒙福的心。惟有「深信自己的過犯得赦免了，罪孽得遮蓋了，因此，自己心裡沒有詭詐（清潔、正直、透明），也知道耶和華把他不算為有罪的」人（參考詩篇三十二篇1～2節；啟示錄十二章11節），才能勝過魔鬼的控告，而能保持那種「向神坦然無懼、向魔鬼剛強壯膽、向人憐憫祝福」的心。

他們那種清潔的生命，是因為沒有私慾和污穢的阻擋，所以神說了什麼話，就沒有任何折扣地相信，神賜了什麼應許，就全然相信祂的應許；因此，他們就能看見豐盛榮耀的大異象。

他們那樣清潔的生命，就能成為神所賜各樣美善的恩賜和各樣全備的賞賜的通道，因此，基督的權柄和能力，透過了他們的靈魂體、思想、表情、行事和言語，全然地顯明出來。

他們的思想，是全然符合神的話，因此就帶著神話語的權能。

他們的禱告，是能得著真理之靈——聖靈的光照，因此就使他們能與神同行，並且其所發的力量是大有功效的。

他們的表情，是基督榮美形像的顯現，因此，就顯出感化人心的能力。

他們順著聖靈而行的事，就顯出基督的智慧和能力，因

此，就結出豐盛的果子。

他們的言語，就來自於「將必成全，並且如同銀子在泥爐中煉過七次」的神的話，因此，就有保護人、拯救人、醫治人、祝福人的能力。

凡與他們同居住的人和他們所愛、所關懷、所代禱的人，都是有福的人了。

（3）攻破黑暗勢力，顯出光明的國度

會攻破黑暗勢力，顯出光明的國度，使周圍的人得保護、拯救、造就和祝福！

「但耶和華與約瑟同在，向他施恩，使他在司獄的眼前蒙恩。司獄就把監裡所有的囚犯，都交在約瑟手下，他們在那裡所辦的事，都是經他的手。凡在約瑟手下的事，司獄一概不察，因為耶和華與約瑟同在，耶和華使他所作的盡都順利」。

約瑟，在家裡的時候，就與哥哥們不同，神與他同在的證據時常隨著他；雖然因著他的蒙恩蒙愛，暫時被哥哥們嫉妒和逼迫，神卻讓他成了父母、哥哥們和所有家族永遠的拯救。

約瑟，在波提乏家作僕人的時候，就成了波提乏整個家庭的祝福，連田間一切所有的也都因著約瑟而蒙了神所賜的福。

　　約瑟在監獄裡，成了眾人的祝福，在作埃及宰相的時候，則成了萬民的祝福。

　　凡在基督裡身為「神親自所按立君尊的祭司」的聖民，身上都有「與約瑟」一樣的職分、權柄和潛力；因為他們乃是耶穌基督的身體，他們的生命生活乃是耶穌基督的顯現，他們所擁有的人際關係和生命聯絡網乃是耶穌基督「得子民，建立永國」的禾場，他們所得知得享的福音答案和見證乃是耶穌基督手中的快鐮刀。

　　耶穌基督，乃是那位「有光發現，照在那坐在黑暗裡的百姓」的大光（參考馬太福音四章16；以賽亞書九章1節）；主正在透過祂「用祂的寶血買來，信從祂十架福音而得了聖靈」的聖徒，向萬民發出那大光（參考馬太福音二十八章18～20節；使徒行傳一章8節；以賽亞書六十章1～5節）。

　　黑暗，乃是指「魔鬼的弄瞎、謊話、殺害、毀壞，人的無知、被騙、罪惡、死亡、疾病、問題」；光明是指「基督的生命、福音、答案、拯救、醫治」。

　　神的國不在別處，乃在於「神臨在之處」。

　　神臨在哪裡？就臨在「信從基督福音之人的生命生活和生命聯絡網」裡。凡信基督十架福音的人，不管他們在世上所得的身分、條件、經歷是如何，那都是「基督一切的寶貝

放在瓦器」裡的生命；因此，就像約瑟不管作兒子、弟弟或作奴僕、囚犯、宰相，都能顯出神的榮耀和能力，在任何條件裡都能顯出「神透過那藏在瓦器（人的條件）裡的基督寶貝所顯出那莫大的能力」（參考哥林多後書四章6～7節）。

我們這屬於基督的聖民，只要我們願意「脫去舊人，穿上新人（基督），順著聖靈而行」，就都能顯出神那莫大的能力，而能成為肢體、家人、同事、鄰居和時代的祝福。

但，都必要像約瑟一樣，經過各種的試煉，才能越來越成為更聖潔的器皿，而能成為「神莫大恩典和能力」通道。因此，我們不要白白受苦難，必要善用苦難而得聖潔榮美的生命；我們帶著如此的眼光而面對苦難的時候，苦難就不是苦難了，而是真「顯出神的恩典和能力」的工具。

（4）會得生命門徒和蒙恩的後代

約瑟得了以色列十二基業中的兩個基業（長子的基業）；他生養的兩個兒子，就成了以色列十二支派中的兩個支派——「以法蓮和瑪拿西」。

凡蒙恩的聖徒，必會得蒙恩的後裔，特別會得蒙恩的生命門徒；那是神永不改變的應許，也是過去的整個歷史所證明的事實。

耶穌基督，在祂地上日子裡所做的一切事工，焦點乃在

於「培養門徒」：升天的同時也透過聖靈仍然與他們同在，直到如今所做的，都是「得著門徒，培養門徒，差派門徒」的工作。

凡信從耶穌基督的聖徒，不管他們的條件、學問、才幹如何，都是基督的門徒。當然，主賜給每一個聖徒的恩賜、職事和功用會有分別（參考哥林多前書十二章4～31節），但都是為「各盡其職，聯絡合式」而要做的；每一個聖徒都有神所安排、所託付的屬靈後裔和門徒；老人會祝福老人，婦女會祝福婦女，學生會祝福學生，在婚姻問題中蒙恩的可以更有力量地祝福有同樣婚姻問題的人，在基督裡培養門徒的資料和工具，是世界智慧通達之人無法知道的；但蒙恩的聖徒，無論擁有哪一種條件，都能明白也能教導。

蒙恩的聖徒所得「基督全備福音的答案，重生，認識聖靈，與神深交，靠神而得勝，得醫治得成聖，凡事盡都順利，傳福音、拯救人、醫治人、培養人等等」的答案和見證，乃是培養門徒時要使用的極寶貴的資料和工具。因為，他們自己在「認識基督，恢復基督，活出基督，見證基督」的過程裡都親自經歷過，所以，他們可以分辨聖靈在人身上的作為，也可以分辨神所愛的人，並且懂得如何「把聖徒如同貞潔的童女，許配給基督」。

我們每一個聖徒正在成聖、事奉的過程裡所經歷的每一

樣事情，乃是主基督教導我們的功課，也是將來祝福更多人極重要的裝備。因此，我們要好好地裝備神的話，並要更清楚認識聖靈，同時也要珍惜每日所遇的每一件事情。

～禱告～

　　親愛的主啊，感謝祢，祢再次透過「約瑟勝過試驗後蒙祢重用」的見證來激勵我們。願我們能自潔，脫離卑賤的事，而作貴重的器皿，成為聖潔，合乎主用，並能行各樣的善事。阿們！

　　主祢已將基督一切的寶貝都放在我們這瓦器裡，為的是要將神莫大的能力透過我們的生命向著時代大大顯明。主啊，我們得不著那從天而來時代的異象也彰顯不出祢的能力，都是因為我們看不起自己生命的緣故；並且，我們之所以看不起自己的生命，是因為知道自己的生命不潔淨。主啊，不潔淨，便阻擋祢榮光的顯現，也隱藏祢向我們顯明的道路，並且使我們的禱告不蒙祢垂聽；不潔淨，就會引來許多不潔之靈，使我們常常遇到不能勝過的試探，也使我們不斷地遭受不能攻破的控告；不潔淨，就限制我們的眼界，縮小我們的疆界，削弱我

們的能力。主啊，求祢潔淨我們！

主啊，如今我們明白在地上的日子裡，為何會遇到那麼多艱難的事，原都是仇敵透過我們不潔的私慾而侵犯我們的，也是祢為要潔淨、精煉我們而許可的。在那各樣的試探、試驗中，我們不但不被撲倒，也能得著祢，並能追求祢的聖潔，那都是祢的恩典。並且，我們深知祢在我們身上所進行這榮美的善工，將必豐盛榮耀地成全，直到我們得復活的身體站在主面前的時刻。阿們！

主啊，從此，我們就得了無限的安慰和榮耀的盼望，也隨時隨地歡歡喜喜地尋找祢的引領。主啊，藉著祢的啟示，我們已經明白我們原都是出生在罪孽中，成長在過犯罪惡裡，隨著認知的加增，我們所遇的試探就越來越多；因此，我們無法一一追索探討而勝過那麼多「透過我們生來的罪性繼續浮上來」的試探；惟有得著「活在祢眼前」的祕訣，才能叫我們勝過一切形形色色的試探。

主啊，祢的眼目時常定睛在我們身上，我們坐下起來，祢都曉得，祢知透我們深處隱藏的意念。我們往哪裡去躲避祢的靈，我們往哪裡逃躲避祢的面？我們若升到天上，祢在那裡；我若在陰間下

榻，祢也在那裡。黑暗也不能遮蔽我們使祢不見，黑夜卻如白晝發亮；黑暗和光明，在祢看都是一樣。主啊，求祢鑒察我們，知道我們的心思，試煉我們，知道我們的意念；求祢看在我們裡面有什麼惡行沒有，引導我們走永生的道路。阿們！

主啊，在我們裡面有何不潔之處是仍然被蒙蔽，求祢顯明，我們要認罪悔改，要用主的寶血得潔淨。我們要向祢存坦然無懼的心；要得生命生活都蒙祢喜悅的確據。主啊，懇求祢以聖道和聖靈來潔淨我們，我們渴望被祢煉淨後，那榮耀的異象和那透過清潔生命所顯出的大能，都能從我們這基督的身體彰顯成全。阿們！

第五十九章

解夢不是出於神嗎？

這事以後，埃及王的酒政和膳長得罪了他們的主——埃及王，法老就惱怒酒政和膳長這二臣，把他們下在護衛長府內的監裡，就是約瑟被囚的地方。護衛長把他們交給約瑟，約瑟便伺候他們；他們有些日子在監裡。被囚在監之埃及王的酒政和膳長二人同夜各做一夢，各夢都有講解……　　（創世記四十章）

在創世記四十章裡，我們看到約瑟幫助法老的二臣酒政、膳長解夢的事，是與兩年之後，約瑟能站在法老面前，為法老解夢，進而能成為埃及宰相的事，有著密切的關係。約瑟得到了為人解夢的恩賜，但，比解夢的恩賜更重要的恩賜，乃是他得到了「能治理整個埃及、拯救萬民」的智慧。約瑟從小蒙恩，他真信了神透過父親以色列跟他說的每一句話語和應許，他愛神、親近神，也時常揣摩神的話。因此，神向他顯明，也親近他，將異象異夢賜給他，引導、精煉、恩膏他，也將那賜人智慧和啟示的靈繼續加在他身上；於是凡他所做的事盡都順利，並使他在人眼前也蒙恩，也能成為眾人的祝福。約瑟能，我們也都一樣能；因為約瑟的神，乃是今日一樣呼召我們的神；約瑟所得的神的話和應許，我們也已都得著了，並且我們在基督裡所得的啟示和智慧比約瑟更多，也比他更多擁有四千年經得起考驗的歷史經歷。

神藉著祂心裡的意念和口裡出來的話語，創造了宇宙萬有，並且以祂那有創造能力的話語（命令）托住著祂所造的萬有（參考希伯來書一章3節）。祂的聲音充滿在天上、也在地上，諸天述說神的榮耀，穹蒼傳揚祂的手段。這日到那日發出言語，這夜到那夜傳出知識。無言無語，也無聲音可聽；祂的量帶（聲音）通遍天下，祂的言語傳到地極（參考

詩篇十九篇1～4節）。因此，祂的智慧「在街市上呼喊，在寬闊處發聲，在熱鬧街頭喊叫，在城門口，在城中發出言語」（箴言一章20～21節）。可是，人之所以聽不見神，是因為他們都是已經死在過犯罪惡之中，不知道如何遇見神、聽見神。但，神藉著耶穌基督，為人啟示了那一條「使人罪得赦，得聖靈，而能遇見神」的道路、真理、生命。凡聽見基督福音而悔改，願意信從神的人，都能得著聖靈，並能看見神、聽見神。

神說：「你們當因我的責備回轉；我要將我的靈澆灌你們，將我的話指示你們。」（箴言一章23節）在教會裡，還有不少的人仍然停留在「聽而聽不見神的狀態裡」，那是因為他們「不信神，不愛神，不尋找神，不順從神」的緣故；只要他們真信已聽過的神的話，並願意悔改且要跟從神，神就必潔淨他們，也必將祂的靈澆灌他們。

凡信從神的話的人，都可以成為屬靈人而能看透萬事（參考哥林多前書二章15節），明白神在凡事上的旨意，因此，都像約瑟一樣，能享受「以馬內利」一切的福氣，同時，也能使許多人「認識神，歸向神，脫離一切的問題」，並且在繼續成聖和服事人的過程裡，越來越能多得更上好的智慧和能力。願我們都能恢復這信心和順從，而能全然得享主已賜給我們那全備的智慧、能力和福氣。阿們！

讀經

1 這事以後，埃及王的酒政和膳長得罪了他們的
  主——埃及王，

2 法老就惱怒酒政和膳長這二臣，

3 把他們下在護衛長府內的監裡，就是約瑟被囚的地
  方。

神以「基督救恩歷史」為中心帶領整個人類歷史，以「擁有基督福音、神的應許和異象的人」為中心帶領萬民萬事。在此經文裡，我們要注意：當時世界中心的埃及和「埃及王法老」、最靠近埃及王的二臣「酒政和膳長」（管理王的飲食和宴會），神將他們帶到約瑟所在之處。我們會很清楚看到：透過約瑟所遇艱難的事，是神將賜給約瑟的異夢步步成全的過程。

若我們已得了神所賜的應許和異象，我們所遇一切的人事物，都是飽含著神的重要計畫，也都是異象得成全的過程；因此，我們先要堅信神賜給我們「四大福音化」的應許，然後要關注時時刻刻所遇的人事物。

4 護衛長把他們交給約瑟，約瑟便伺候他們；他們有
  些日子在監裡。

神感動護衛長把酒政、膳長交給約瑟，叫他伺候他們。神為約瑟安排「有些日子」，叫他得「單獨與二臣交通，並且從他們身上學習埃及政治和外交」的機會。

5 被囚在監之埃及王的酒政和膳長二人同夜各做一夢，各夢都有講解。

時間表到的時候，神叫二臣做夢；那也都是為要成全給約瑟的夢；就像一部電影裡所出現的一切人事物，都是為要成全關於「主角」的事。而整個歷史就像一場戲劇，其主角乃是——耶穌基督和祂的身體——千千萬萬的聖徒；因而，列邦萬民萬事，都在建立基督永國的事情上，並擔任各樣配角的位分。

6 到了早晨，約瑟進到他們那裡，見他們有愁悶的樣子。

在我們聖民周圍，有很多神所安排在各種問題中「愁悶」的人；神在基督裡，已賜給了我們能「拯救、安慰、勸勉」他們的完美答案。

7 他便問法老的二臣，就是與他同囚在他主人府裡的，說：「你們今日為什麼面帶愁容呢？」

我們這屬於基督的人，是因為「主與我們同在，愛

我們，引導幫助我們」，所以已經成為沒有問題的人。聖徒不應該為自己的事掛心，乃要多多關心、關懷、服事別人；我們都是帶著這樣使命從天而來「天國的使者——君尊的祭司」。為要幫助別人，我們時常要維持「聖靈充滿——明白神的旨意而順從依靠神」，要信心充滿、喜樂充滿、仁愛充滿。

聖靈充滿的人，是隨時都會遇到需要服事的人。我們要記得：一個看見以馬內利神而聖靈充滿的少年——大衛，拯救了因巨人歌利亞變為無能的整個以色列軍兵，也潰滅了歌利亞和仇敵一切的勢力。只要能保持聖靈充滿，主便叫與我同在的家人、肢體、同事、鄰居都與我一同蒙恩蒙福。

8 他們對他說：「我們各人做了一夢，沒有人能解。」約瑟說：「解夢不是出於神嗎？請你們將夢告訴我。」

約瑟不說「我有能力給你們解夢」，乃是說「解夢不是出於神嗎」。約瑟是個「做夢的人」，他那樣做夢，是因深信神的話和應許，並時常揣摩神的美意。神賜給他「異夢」，也使他明白他所做諸夢的意思；因此，約瑟得了「解夢」的恩賜。

我們不可以只羨慕約瑟解夢的恩賜，要懂得享受神已賜給我們「賜人智慧和啟示的靈」的全備恩賜（參考以弗所書一章17節）；比解夢更重要的，是在凡事

上「明白神的旨意，看見神的帶領，顯出神的能力，成全神的計畫」。神已將很多「世人無法知道」最完美的智慧、知識，透過神的話和基督福音，全然賜給了我們，「真理的聖靈」也住在我們裡面時常指教我們。若我們常常以神所賜的智慧、啟示的靈察驗神在凡事裡的旨意，然後順從神的帶領，神就將更深奧的智慧、知識一同加在我們身上。我們所知道而且享受的智慧，乃是能使人遇見神的智慧，是能使人「脫離黑暗、罪惡、撒但、咒詛、地獄，進入光明、永生、天國、祝福」的智慧；我們自己天天凡事上都要享受，也要用來祝福別人。

9　酒政便將他的夢告訴約瑟說：「我夢見在我面前有一棵葡萄樹，

10　樹上有三根枝子，好像發了芽，開了花，上頭的葡萄都成熟了。

11　法老的杯在我手中，我就拿葡萄擠在法老的杯裡，將杯遞在他手中。」

　　神所賜的異夢是如此清楚，也含著重要的意義，因此神用各種方式叫做夢的人明白意思。酒政將他所做的夢一句一句告訴約瑟的時候，聖靈同時告知約瑟明白其夢中的意思。

¹² 約瑟對他說：「你所做的夢是這樣解：三根枝子就是三天；

¹³ 三天之內，法老必提你出監，叫你官復原職，你仍要遞杯在法老的手中，和先前作他的酒政一樣。

約瑟能如此確定地解夢，是因為他確信自己心裡顯現的感動乃是聖靈賜給他的。

約瑟和但以理（參考但以理書二章）所做的解夢，都有這樣的特點：

（1）是神所賜的恩賜。

（2）是聖靈按時感動的。

（3）是從「平日時常與神交通同行，事奉神服事人」的過程中所得智慧、啟示的靈而來的。

我們也會在繼續學習、默想、應用、順從神的話、與神交通同行中，會越來越清楚認識神，並且在繼續事奉神、服事人的過程中，按需要神必將那些超凡的恩賜賜給我們。凡沒有異象、沒有使命的人，凡不參與事奉的人，都無法得著這恩賜和賞賜。

¹⁴ 但你得好處的時候，求你記念我，施恩與我，在法老面前提說我，救我出這監牢。

¹⁵ 我實在是從希伯來人之地被拐來的；我在這裡也沒有做過什麼，叫他們把我下在監裡。」

這也是聖靈感動約瑟而說的。雖然，酒政忘記了，但兩年之後神給約瑟成全了。

16 膳長見夢解得好，就對約瑟說：「我在夢中見我頭上頂著三筐白餅；

17 極上的筐子裡有為法老烤的各樣食物，有飛鳥來吃我頭上筐子裡的食物。」

18 約瑟說：「你的夢是這樣解：三個筐子就是三天；

19 三天之內，法老必斬斷你的頭，把你掛在木頭上，必有飛鳥來吃你身上的肉。」

解好夢的時候，解釋的人和聽的人都會高興；但如此解惡夢，真是難以啟齒；惟有堅信心裡的感動乃出於神的指示之人，才能做到這樣解夢。

神給膳長這種惡夢，也叫他遇到那種刑罰，膳長的行事為人必是很惡。屬靈人為人解夢的時候，必會參考那做夢之人的行事為人。我們看一個人的行事為人時，也能夠預測到他的將來會如何。

20 到了第三天，是法老的生日，他為眾臣僕設擺筵席，把酒政和膳長提出監來，

²¹ 使酒政官復原職，他仍舊遞杯在法老手中；

²² 但把膳長掛起來，正如約瑟向他們所解的話。

　　酒政與膳長的夢境和現實過程，都是神為兩年之後「約瑟幫助法老解夢」的事所安排的。

²³ 酒政卻不記念約瑟，竟忘了他。

　　「酒政忘記約瑟」的情況也是神容許發生的。

　　倘若法老尚未做夢之前，約瑟就出獄了，那他所得的異夢就不能得成全；可能二十八歲的奴僕約瑟得釋放之後，就回自己的家鄉去；那麼，神計畫步步成全的事會是怎樣？因此，若是我們已得了終生的異象，並且保持著「愛神、順從神」的腳步，那就在任何情況裡，都不需要著急或灰心，只要堅信我們所遇的一切人事物都是神為成全賜給我們應許和異象的「尊貴榮耀的過程」就好。

1.凡事都要恢復神為我安排的看法

在凡事上，我們都要恢復「神為我如此如此安排」的看法。

約瑟對神、對人那麼忠心，但他所得的結果，竟是一而

再、再而三被冤枉的情況。然而，在那樣遭遇裡，約瑟不但不灰心或埋怨，仍然得以享受神的同在和施恩，也能時常見證主、伺候人，並時常關懷周圍「面帶愁容」的人。他之所以能如此作為，乃是因為他的眼光和看法，總是與眾不同；他得了一個祕訣，在任何情況裡，都能以「神為我如此如此安排」的眼光來察驗神的美意。

他每天如此蒙恩的生活，叫他越來越明白神在凡事裡的旨意，也叫他繼續得著神所賜「智慧和啟示的靈」和各種美好的恩賜（解夢等的恩賜），好叫他的生命能成為時代的祝福。

我們一切的痛苦，是從尚未恢復神為的看法而來的！

我們都在「靈死」的狀態裡出生，並且一直在「不認識神，看不見神」的狀態裡長大，因此，我們的想法、看法和做法，在信主之後也是不容易脫離，那是「不按著神的同在、神的引導、神的供應、神的幫助為事實判斷、做事」的習慣。所以，有很多自稱為「信主」的聖徒，卻仍然過著「沒有主的生活」。很多信徒：

a.仍然在「放縱狀態」中過日子；不喜愛尋找主，只按著自己的喜好去行，也靠著自己的力量而活。

b.當他們遇到哀慟之事（管教），才來神面前哀哭地呼求主，但仍然在得不著主面的狀態裡，一旦脫離了哀慟之

事，又很快回去以前放縱生活的狀態裡；甚至有人是一輩子如此周而復始、循環不止。

c.有些信徒，雖然時常尋求主，但仍然不明白主的旨意，只按著自己的私慾和動機祈求主的名。

d.又有些信徒，雖然恢復了生命的目標，努力認真傳福音、服事人，但仍然看不見「主所賜的智慧、能力、恩賜」，不能受主的安慰，不能結出因聖靈所得生命內在、外在的果子，是一直在很枯乾的狀態裡事奉。

因此，他們不但不能享受「有主之人所享受」的自由、感恩、喜樂和讚美，也總是不能脫去「自責、自卑、內疚、埋怨、灰心、被控告、也控告人」等等的捆鎖。

因為，人的生命是連結於靈界的靈魂，所以，除非看得見愛他、幫助他的神，人就是無法勝過惡魔的欺騙、試探、控告而能得享平安。倘若我們只以人的眼光來判斷事情，就無法得著神所賜那種「絕對的平安、感恩和喜樂」；遇到壞事就會憂愁，遇到好事也會跌倒。

（1）以「神為的看法」看待所遇之事

以「神為的看法」來看所遇一切事情的時候，我們就能得著聖靈的光照和能力！

約瑟，若他沒有得到──神時常與他同在、他所遇一切

的事情和情況都是神為要成全賜給他的異夢而安排的看法，他就會在一而再、再而三所遇到的冤屈之事中，可能得著憂慮症，或者會自暴自棄而放縱，或者甚至會絕望而自殺。但，因約瑟是從小就認識神；他深信從父親、祖父所認識的耶和華真神、神的旨意和神所賜的應許，得了神所賜的異夢，也每天看見了神的同在和恩愛的帶領；因此，沒有一個情況叫他失去神的恩愛。

當然，他也是個人；每當突然遇到艱難之事的時候，他也會難過、驚惶、懼怕，但他就是尋求神的旨意，並且知道要如何看見──神與他同在，向他施恩（參考創世記三十九章2～5、21～23節）。無論遇到什麼情況，他就懂得在自己所遇所站的每一個腳步裡，仍然保持：平安喜樂、正直誠實、智慧能力、榮耀神祝福人的行事為人，然後將一切的事都交託給那位「愛他並誠實待他」的主。

（2）要掌握約瑟所掌握並享受的奧祕

我們要掌握約瑟所掌握並享受的「以馬內利」的奧祕！

其祕訣就在於恢復堅信「神為我如此安排」的看法；對蒙神大愛的神兒女來講，沒有一件所遇的事情是偶然發生的；主說，連一根頭髮掉下來也在神的許可之下才發生。

神為我──正在做什麼？

我們要知道神帶領我生命生活的目的，才能知道神每天的引導和幫助！

神造我、生我的目的是什麼？

那就是叫我「在基督裡，認識神，活出神，榮耀神，祝福人，與神共享永遠的福樂」。因此，我們生來所遇一切的條件、關係、事情，都是神為我「得著基督」的安排、帶領。

我那樣的個性、智商、外觀，都是為要得著基督；我有了那樣父母、兄弟，都是為要得著基督；我經歷了那些成功或失敗，也都是為要得著基督；將來要遇見一切的事，也都是為要更榮美地恢復基督，更是要多多見證基督而要得著屬基督的人了。

沒有一件事情比「得基督」更重要；因為在基督裡，我們就能得到永生、得到最尊貴的身分、得到最美好的生命目標、得到最聖潔的生命和永遠全備的福氣。

所以，只要能「多得基督」，我們都能以感恩、喜樂的心接受所遇一切的人事物和情況，也可以用來多得基督，多見證基督。以「神叫我多得基督」的眼光看我的過去，我們就能發現許多「神為我如此如此做」的見證；以如此的眼光看現在的時候，就會看見神凡事的帶領，藉此，我們就能發

現自己是——何等蒙愛蒙恩的生命，也像約瑟一樣能享受從神而來莫大的恩愛和能力。

（3）終生成聖的工夫在於恢復「神為的看法」

我們終生成聖的工夫，就在於丟棄「無神的看法」恢復「神為的看法」上！

我們的信仰生活和成聖的標竿，絕不可以放在「虔誠，蒙福，神蹟異能」等等，乃要放在「恢復神的作為」上。

若沒有全然信靠神，那些虔誠、福氣、神蹟異能等等的恩福都不會來；若全然信靠神，那些正確信仰生活的果子就會自動地隨之而來。

保羅定了他終生的目標，乃是「以認識主基督耶穌為至寶」，然後他說，他所得著認識主基督的祕訣，乃在於「透過我死主活，來要得著基督耶穌所以得著我的」（參考腓立比書三章8～12節）。保羅告訴了我們「信主的精義是什麼」與基督同釘十字架，現在活著的，不再是我，乃是基督在我裡面活著」；他說，信主的起頭，乃是「信主的方法（祕訣）」，乃是「因信愛我、為我捨己的主（神的兒子）而活」。我們已經很清楚看到了「無神的眼光和做法，都已在失敗、咒詛、審判的光景裡」，既然如此，我們要將「老我的身分、沒有神的眼光和方法」都要釘在十字架上，然後

165

帶著——神兒女蒙愛的新身分，察驗——神如何仍然與我同在，如何恩待我、愛我，如何以美好的旨意引導我、幫助我的時候，我們就必看見神將那以馬內利的奧祕向我們顯明，也將他那莫大的能力也顯現在我們身上。

2.神已將計畫告訴我們，只要信就能看見

神已將祂的計畫、旨意、作為和時間表都告訴我們了！只要信，我們就能看見！

約瑟說「解夢不是出於神嗎」？當他帶著如此信心而要幫助酒政、膳長的時候，神就將他們做夢的意思全然顯明於約瑟心中。如同解夢是從神而來，一切的智慧、知識和預言也都是從神而來，並且，神把祂帶領一切人事物的旨意並將來要發生的事，都已啟示於我們了。

我們在神已啟示我們的真道上，得著神的眼光，我們就能得著聖靈隨時在我們心靈裡的指教；並且當我們繼續靠聖靈與神交通同行的過程中，按我們事奉上的需要，主必將更美好的恩賜（如同約瑟解夢式的）加在我們身上。因此，我們要看重主已啟示於我們的真實事實（真道），並務要「凡事都順著聖靈而行」。

神已將我們活在地上所需要的信息都告訴我們了。神所

啟示的內容很多，但基要內容如下：

（1）祂創造看得見和看不見的世界之目的

神已告訴了我們：祂為何造了看得見的和看不見的世界？祂要做什麼？

神創造工作的最終目標，乃是新天新地、新耶路撒冷和永遠的聖民；目前，是神所定六千年的時光中，在看不見和看得見的兩個空間裡，神天天進行「見證君王基督，召聚聖民，建立聖城」的大工。因此，主基督道成肉身、死而復活、寶座掌權之前的四千年，是神藉著舊約的聖民「預表關於基督和祂聖民的事」的日子；基督在地上事工完成之後的二千年，是神透過聖民，在列邦萬民中宣揚基督福音，而得著並堅固聖民的日子。直等到得救（聖民）的人數得著滿足的時候，主基督再來，審判活人死人，然後，與祂的聖民一同進入永遠的聖城（新天新地），與聖民做永遠的新事。

（2）祂創造我們、重生我們的理由

神已告訴我們：祂為何創造我們、重生我們？

凡信基督耶穌的人，乃是神在創立世界前所預定的聖民，是基督的身體，是神的兒女；神的國是為他們預備著的，他們都是永遠活在神國裡；他們在地上七八十年的日子

167

裡有神所定永遠神聖的使命，那就是「多恢復基督生命（重生和成聖），多榮神益人、建永國（成為多人的祝福）」。因此，我們要按祂向我們揭開的事實，要得正確的世界觀、歷史觀、價值觀、人生觀，並且要透過基要真理（事實）判斷一切的人事物，也要愛惜地上的光陰，天天忠心肩負使命，預備即將要回去神的國——得成聖並得永遠的肢體和永遠的基業和冠冕。

（3）祂住在我們裡面、引導我們

神已告訴我們：祂如何住在我們裡面、正在引導我們。

神以基督福音、真理和聖靈住在我們裡面，那是當我們聽見基督福音而信並願意悔改的時候，在我們心靈裡所發生的事。

我們知道信基督福音而悔改，接納基督耶穌為神為主的同時，我們的生命、眼光、關心、感動完全改變了；也知道神住在我們裡面，賜給我們信心，賜給我們繼續尋求（學習、順從）神的心，也繼續保護、指教、感動、引導、幫助我們，賜給我們智慧、能力、恩賜、賞賜；我們也能看到神在我們生命內外所結豐盛榮美的果子（參考加拉太書五章22～23節；使徒行傳一章8節）。

（4）祂在我們中間來往及凡事裡的旨意

神已告訴我們：祂如何在我們中間來往？祂在凡事裡的旨意是什麼？

神賜給我們每一個人「父母、兄弟、配偶、兒女、肢體、親友……」獨一無二的人際關係，也透過那些的人際關係，叫我們「繼續擴張生命聯絡網」。

在其中，我們能得著神為每一個人所安排獨一無二的崗位、角色和使命；同時，神將祂在每一個人際關係裡所定的旨意（夫婦、父子、兄弟之道等）和彼此相愛的原理，也已都啟示於我們了。神的指教、引導、安慰、勸勉、賞罰，就在我們與人的關係中間。

（5）我們將會遇到的事及祂的時間表

神已告訴了我們：將來我們會遇到什麼事？祂的時間表已來到什麼地步？

在馬太福音二十四章和路加福音二十一章裡，主已清楚告訴我們：主即將再來的時候，在人心裡，也在整個世界裡要發生的種種事。猶太人重新建立以色列國，基督福音傳遍天下；人的來往越來越多，知識大幅加增；人心敗壞要到極處，萬民一同來敵擋神（如：提倡無神論，犯罪，逼迫信主的）；因此，戰爭、饑荒、地震、災害會越來越多（神

的審判和警告）。最後，那「沉淪之子、不法的人（大敵基督）」（參考帖撒羅尼迦後書二章1～12節；啟示錄十三章1～10節）和假先知（參考啟示錄十三章11～18節）要顯露，統率萬民，大大逼迫以色列和基督徒；因此，在教會裡，許多離道反教的事會發生；在那過程中，主將屬祂的子民分別出來，也精煉他們，也將以色列餘剩的子民都拯救過來；然後「主耶穌要用口中的氣滅絕他，用降臨的榮光廢掉他」（帖撒羅尼迦後書二章8節）。

我們正清楚看到許多「主即將快要再來時，要顯露出來」的現象。許多類型的假福音正在侵犯主的教會，因此，教會裡許多人「厭煩純正的道理，耳朵發癢，就隨從自己的情慾增添好些師傅，並且掩耳不聽真道，偏向荒渺的言語」（提摩太後書四章3～4節）。主說：「你們看見這一切的事，也該知道人子近了，正在門口了。」（馬太福音二十四章33節）

主所關注的，不是那群大多數的滅亡之族，乃是屬於祂的子民和他們得「重生、成聖、得冠冕」的事。主又說：「不義的，叫他仍舊不義；污穢的，叫他仍舊污穢；為義的，叫他仍舊為義；聖潔的，叫他仍舊聖潔。看哪，我必快來！賞罰在我，要照各人所行的報應他。」（啟示錄二十二章11～12節）在這極其敗壞的世代，惟有「真信基督（額上有羔羊之印），信從主的旨意」的人，才能站立得穩，仍然得享以馬

內利的恩典，也能做得勝有餘的事奉，並能成為多人和時代
的祝福。

這些主給我們的啟示是何等重要！

在不知那些情報的情況之下，無人能脫離魔鬼謊言的捆
綁，無人能得「合乎事實實況」正確的眼光、生命和生活的
信念，人人都不得已要過「虛假、虛妄、虛空」的一生。因
此，我們要珍惜所擁有的真理所帶來的能力和祝福，這真理
拯救、醫治、潔淨了我們，也能拯救萬民。

我們要珍惜這蒙愛蒙福的生命，因為惟有神所愛的才能
聽信這真理，滅亡之族則聽了也無法明白的。雖然，基督福
音已經傳遍天下，但在我們聖民的聯絡網裡，還有許多「神
所揀選而未得之民」；惟有我們所擁有的基督福音真理，才
能拯救、醫治他們。

我們要珍惜福音真理的同時，也要將其真理有系統地整
理出來，藉此要得著基督的生命，也要保持「凡事都按事實
而活」的基督生活，並要像約瑟一樣成為許多「得不著答案
而困苦流離」之人的答案和祝福。

3.繼續尋找神，神必賜智慧

若繼續尋找神，神必將那賜人智慧啟示的靈繼續加在我

們身上！

　　使徒保羅勸勉我們說：「你們要追求愛，也要切慕屬靈的恩賜，其中更要羨慕的，是作先知講道。」（哥林多前書十四章1節）聖靈所賜各樣美好的恩賜和各樣全備的賞賜，是要切慕的；但我們要知道一切恩賜，都是在「聖經所啟示基督福音（先知講道）」的基礎上，並按職分、使命和事奉上的需要繼續加添。在哥林多前書十二章8至10節所講聖靈所賜九個恩賜的開頭（基礎），就是「智慧的言語」，後面「知識言語、信心、醫病、行異能、作先知、辨別諸靈、方言、翻方言」的八個恩賜，都是在其「智慧（基督福音）」恩賜上要得的恩賜。我們祈求智慧，主就必賜給我們，並且厚賜與我們（參考雅各書一章5節；馬太福音七章7節）。

　　那麼，為何要切慕追求屬靈的恩賜？如何能多得屬靈恩賜？祕訣在哪裡？我們要在以「基要真理事實」得了基督的生命生活之後，一生都繼續尋求更美好的智慧、知識和恩賜，並且認真參與「拯救、醫治、輔導人」的生命事奉，內容如下：

（1）明白聖經與我們的關係

　　要明白整本聖經的總綱與我（們）的關係，也要明白聖經每一個人物、事件、情況和聖經歷史的屬靈意義！

　　整本聖經，是講我們的頭耶穌基督，也是講基督的身體就是我們。

　　聖經所記每一個時代的人物，乃是與我們同蒙呼召的聖民，有同一位父神、基督、聖靈引導他們，因此，他們生命生活的原理都與我們一樣；他們所得的答案乃是今日聖徒的答案，他們所得的見證，乃是千千萬萬聖徒共同的詩歌，我們今日聖徒，每日所得的見證也是他們的讚美。在我們多認識這聖經，並應用在自己生命生活和使命的過程中，我們就能得著聖靈所默示更多、更仔細的智慧。

（2）明白歷史與我們的關係

要明白神在六千年整個人類歷史裡的作為，從中得著經得起考驗的信心和智慧！

　　整個人類歷史，乃是耶穌基督和祂身體——以色列和基督教會的日子；是從創世記三章的問題中，以女人的後裔（參考創世記三章15節）所獻流血的祭（參考創世記三章21節），拯救永屬基督之聖民的日子；也是基督的福音，透過以色列和基督教會經得起考驗而得永遠見證的日子；又是基督福音——從亞當到挪亞，從挪亞到亞伯拉罕，從亞伯拉罕到以色列民，從以色列民到列國萬民的日子。透過整個歷史和信基督福音的聖民經得起考驗、成功失敗的經歷，我們能

得更正確的信仰和神的旨意。

（3）明白「神為」與我們同行

當越來越明白神在我的生命重生、成聖、學習與神親密相交同行、傳福音事奉裡的作為！

信仰生活的終極目標，乃是要認識神，愛神，跟從神；我們服事人的終極目標，也是叫多人歸向神，愛神，順從神。

我們認識神愛神多少，我們的生命和能力也改變多少，並能將神介紹給人的見證能力也會多少。耶穌基督帶領門徒訓練的重點，都在於叫門徒明白——神如何住在他們每一個人的生命裡，也明白——神如何運行在他們中間的奧祕，並叫他們明白——如何與神交通同行，結出美善的生命果子（參考馬太福音五～七章；約翰福音十四～十七章）。

透過耶穌基督，我們就能遇見神、得著聖靈、明白神的旨意，也能與神交通同行，並且靠基督的名可以趕鬼，能活在神的國裡（神的國降臨），並能拯救、醫治、輔導人，也能培養基督門徒。

在成聖和事奉的日子裡，我們就越來越清楚明白也會經歷——屬靈環境與自己生命生活的密切關係、靈戰的真實情況、福音的大能、以馬內利神的同在、指教、安慰、勸勉、

恩膏等，我們明白了多少，也能教導別人多少。

（4）明白「神為」在人的生命中

在服事人的過程中，越來越明白神在別人生命裡的作為！

若我們能以基督福音拯救一人，就能拯救萬民；若能培養一人成為「凡事上能尋見神，依靠神，順從神，見證神」的基督精兵，就能培養萬民。

因為人靈魂體的生命、屬靈環境和重生成聖得勝的屬靈原理，都是一樣的。但，每一個人都有神所賜獨一無二的生命條件、關係和經歷，每一個人所遇的問題也都不一樣。

在肢體生活中，透過每一個肢體所擁有獨特的條件、問題和禱告，我們能多多認識神在每一個人生命裡的作為；在按所得的恩賜和職分一同配搭，也在彼此代禱的過程裡，我們會得豐盛的答案和見證；並且在每一個人的人際關係和生命聯絡網裡，傳福音做見證而拯救人、醫治人、栽培人的過程中，我們會更明白神在許多不同生命裡的不同作為。如此活在生命事工裡的日子裡，我們就越來越多得生命的「Know How」（知道怎麼做），那就是神在我們身上繼續加添恩賜的恩膏作為。

若我們忠心良善地擔當主所託付的崗位、角色和使命，並積極使用主所賜的恩賜，主就必稱讚我們，也必將更上好

的恩賜加給我們。主正在教會的每一個人身上，天天成全
「凡有的，還要加給他，叫他有餘；沒有的，連他所有的，
也要奪過來」的話語（參考馬太福音二十四章42～51節，
二十五章14～30節）。

禱告

親愛的主啊，我們真羨慕約瑟那樣蒙恩的生命
和見證，巴不得我們也能得著他那能盡享以馬內利
的奧祕。他說「解夢不是出於神嗎」。對的，主
啊！不但是解夢，因為一切都是從祢的旨意而來
的，所以一切的智慧和能力也都是出於祢。我們真
想在凡事上聽到祢的聲音，以祢帶領我們的眼光看
每一件事情，因而我們的意念、做事、說話就都能
顯出祢的能力。

主啊，祢是向我們說話的神，也是照所說過的
話行事的神！祢透過祢所造的天地萬有說話；諸天
述說祢的榮耀，穹蒼傳揚祢的手段。這日到那日發
出言語，這夜到那夜傳出知識。無言無語，也無聲
音可聽，但祢的聲音通遍天下，祢的言語傳到地
極。祢的智慧在街市上呼喊，在寬闊處發聲，在熱

鬧街頭喊叫，在城門口，在城中發出言語。然而，人的靈都死在罪中，既聽不見祢的聲音，也看不到祢的作為。因此，祢藉著眾先知將祢的心意和祢帶領整個時空的經綸指示我們，並且派遣祢獨生愛子耶穌親自道成肉身活在我們中間，向我們顯明，並預言未來將必成就的事。祢曾透過先知阿摩司說「主耶和華若不將奧祕指示祢的僕人眾先知，就一無所行」。主啊，我們聖民都蒙受「聽信祢話語」的大恩，藉此也得到祢所賜的聖靈，我們理當在凡事上清楚聽見祢、看見祢。然而，我們生命的光景卻並非如此！我們仍然很容易被外在短暫的條件、環境、世人和眼前的問題捆住，看不見祢的同在和幫助而成為無能無力的人。

主啊，這一切的問題都是從我們信得太遲鈍而來；我們信得太遲鈍，又是從我們的無知、疑惑、不夠飢渴、不努力實踐和尚未除滅的自我動機和私慾而來。

主啊，祢說：「我呼喚，你們不肯聽從；我伸手，無人理會，反倒棄絕我一切的勸戒，不肯受我的責備。你們要真信而認罪悔改，我就赦免你們的罪，洗淨你們一切的不義。你們當因我的責備回

轉。我要將我的靈澆灌你們，我要將我的話指示你
們。」主啊，我們要深思祢的話語，要深深省察我
們的心靈，要認罪悔改更新！求祢潔淨我們，澆灌
我們，指示我們。阿們！

第六十章

像這樣的人，哪裡找得著？

　　過了兩年，法老做夢，夢見自己站在河邊，有七隻母牛從河裡上來，又美好又肥壯，在蘆荻中吃草。隨後又有七隻母牛從河裡上來，又醜陋又乾瘦，與那七隻母牛一同站在河邊。這又醜陋又乾瘦的七隻母牛吃盡了那又美好又肥壯的七隻母牛。法老就醒了。他又睡著，第二回做夢，夢見一棵麥子長了七個穗子，又肥大又佳美，隨後又長了七個穗子，又細弱又被東風吹焦了。這細弱的穗子吞了那七個又肥大又飽滿的穗子。法老醒了，不料是個夢……「像這樣的人，有神的靈在他裡頭，我們豈能找得著呢？」……

（創世記四十一章）

約瑟終於站在埃及王法老面前了！

當他十七歲得異夢的同時，其夢開始的「成就」便使他經過十三年的學習、操練和試驗，到了三十歲神所定的時間，一分一秒也沒有差錯地成為治理埃及全民全地的宰相。這並不是神賜給他的異夢完全得成全的時刻，乃是經過訓練之後，正式開始蒙主重用的時刻，也是他所裝備以馬內利（因為耶和華與約瑟同在）的奧祕正式使用的時刻。

法老王聽他所解的夢之後，就感歎而說「像這樣的人，有神的靈在他裡頭，我們豈能找得著呢」；然後，王就摘下手上打印的戒指，戴在約瑟的手上，派他治理埃及全地。整個埃及和人民並周圍鄰國的子民，因約瑟從聖靈所得的智慧都得救；以色列家七十人也因約瑟得救，搬到埃及，以備四百年後神透過以色列民要展開救恩大工。

神給今日的我們與約瑟一樣神的話和應許，也賜給我們比約瑟更上好基督福音的答案，並有四千年的歷史、經得起考驗的信心和見證；約瑟那樣地被聖靈充滿、智慧充滿，見證神拯救人，我們也應該像他一樣被聖靈充滿、智慧充滿，成為當代的見證者。若用我們已得的基督福音，我們就在任何時刻、任何情況裡，都能聖靈充滿，而能榮耀神、祝福人。

我們周圍有許多人，因為不知道我們所得基督福音的答案，仍然困苦流離在罪惡、肉體、撒但、審判、咒詛、地獄

裡。就像惟有約瑟知道拯救埃及的答案；今天惟有我們才認識神和神的心意，也知道他們靈魂體、人際、生活需要的答案。

　　主基督已經使我們成為祂的身體，也將父母、兄弟、配偶、兒女、肢體、親友和生命聯絡網賜給我們，同時也將「天國的鑰匙」賜給我們了，叫我們用來打開天國的門，打開傳福音的門。其祕訣就在於「聖靈充滿」；主將基督福音賜給我們的同時，也囑咐「你們要等領受父所應許賜給你們的聖靈（認識聖靈），並且你們要聖靈充滿；你們若得了聖靈，必得著聖靈所賜的智慧和能力，而能成為我的見證人」（參考使徒行傳一章4～8節）。若一個人被神的話和聖靈充滿，起來宣告基督福音，誰也不能阻擋神透過他要成就的事（參考使徒行傳一～二十八章的見證）。

　　藉著約瑟聖靈充滿的見證，我們在本章再一次揣摩關於「聖靈充滿」的祕訣。

讀經

1　過了兩年，法老做夢，

　　　神以救恩歷史為中心帶領整個歷史，以祂所呼召的

聖民為中心展開救恩歷史。

　　埃及是當時的大帝國，法老這次做夢是神賜給他的，都是為了要使用約瑟，並透過約瑟要展開救恩大工。按神所定，約瑟終於出監獄，並要成為埃及宰相的時間表到了。

夢見自己站在河邊，

　　指的是尼羅河，就是埃及的動脈之河，可以決定埃及的未來；尼羅江河，在法老夢中出現，就意味著這夢與國家的命運有關係。

2　**有七隻母牛**

　　牛，與農耕有密切關係，又因此成為埃及人所拜的「牛犢神」；叫我們想起出埃及的以色列人在西奈山下面，仍然鑄造金牛犢而拜的事情。

從河裡上來，又美好又肥壯，在蘆荻中吃草。

3　隨後又有七隻母牛從河裡上來，又醜陋又乾瘦，與那七隻母牛一同站在河邊。

4　這又醜陋又乾瘦的七隻母牛吃盡了那又美好又肥壯的七隻母牛。

這奇怪的現象，就證明這夢必含著重要的意思。

法老就醒了。

5　他又睡著，第二回做夢，夢見一棵麥子長了七個穗
子，

　　麥子，對人而言是最主要的穀物；在王的夢中出
現，必定帶著很重要的意義。

又肥大又佳美。

6　隨後又長了七個穗子，又細弱又被東風吹焦了。

7　這細弱的穗子吞了那七個又肥大又飽滿的穗子。法
老醒了，不料是個夢。

8　到了早晨，法老心裡不安，

　　兩個夢的徵兆，若是後面的比前面好，就能帶給人
有些盼望；但法老所做的夢，兩次都是後面的情況更使
人極其不安和懼怕。

就差人召了埃及所有的術士和博士來；法老就把所
做的夢告訴他們，卻沒有人能給法老圓解。

從神而來的夢，外邦人、異教徒的術士、博士絕
對不可能解釋；關於耶穌基督救恩的特別啟示，世上有
位、有權、有學問的人絕對無法明白，乃是惟有得聖靈
光照的聖民才能明白（參考哥林多前書二章6～16節）。

9 那時酒政對法老說：「我今日想起我的罪來。

酒政不是說「錯誤或糊塗」，乃是說「我的罪」，
這是指聖靈使他感到強烈的內疚，如今，他再也無法不
拯救約瑟出來；其實叫他全然忘記約瑟所託付的事，也
是神的作為，都因神為約瑟所安排訓練、精煉的時間表
尚未滿足。

10 從前法老惱怒臣僕，把我和膳長下在護衛長府內的
監裡。

11 我們二人同夜各做一夢，各夢都有講解。

12 在那裡同著我們有一個希伯來的少年人，是護衛長
的僕人，我們告訴他，他就把我們的夢圓解，是按
著各人的夢圓解的。

13 後來正如他給我們圓解的成就了：我官復原職，膳
長被掛起來了。」

　　神叫約瑟多等兩年，這對約瑟而言必有許多「出人意外」的好處；我們可以猜測約瑟得不著酒政消息時，前面一段時間可能會有些難過，但他很快恢復以馬內利神的恩典，仍然忠心服事神為他安排的事。人多在等候成功或亨通的狀態，**神卻是等候人的信心達到完全的地步**；亞伯蘭等候神賜給他兒子的時刻，神則等候「亞伯蘭成為亞伯拉罕」（全然信靠神並單以神為滿足）的時刻。我們「擁有以馬內利神一切福氣」的神兒女，不應該等候未來成功的時刻，乃要盡享現在的福氣，要認真服事神現在為我安排的使命。

14 **法老遂即差人去召約瑟，他們便急忙帶他出監，他就剃頭，刮臉，換衣裳，進到法老面前。**

　　約瑟的一生幾次換穿衣裳；從彩衣到奴隸衣、囚犯衣到朝見王的衣裳，再到宰相的衣裳。

　　人所穿著的屬靈衣裳，是顯現著人的為人和行為；每一個聖徒蒙恩得救之後，就穿上耶穌基督所賜的新衣——細麻衣，然後，在一輩子經過成聖、蒙恩膏和事奉的過程，繼續不斷地換更榮美的細麻衣，並在其衣裳上繼續加添各種榮美的寶石。

15 **法老對約瑟說：「我做了一夢，沒有人能解；我聽見人說，你聽了夢就能解。」**

¹⁶ 約瑟回答法老說：「這不在乎我，神必將平安的話回答法老。」

　　從神而來的夢，只有神才能解釋；神造成或許可發生的世界萬事，只有神才能解釋，並且神要透過祂的聖民解釋出來。

　　我們要清楚看透「世人都因得不著答案而困苦流離」的光景，也要看見：他們所需要關鍵性的答案和智慧，那使他們脫離罪、死亡、撒但、咒詛、地獄而能得永生福樂的答案，就在我們聖徒生命裡的光景。

　　聖徒在參與生命事工的過程裡，會越來越多得著神所賜的智慧和啟示的靈，會得著更上好的恩賜。惟有聖徒的生命和心裡、口裡出來的禱告、智慧和見證，才能醫治靈魂體、人際關係和生活。我們聽信基督福音而得新生命、新生活的聖徒，就繼續多得知福音真理並見證，那個本身乃是神的呼召和從神而來的使命。

　　並且，擁有那種基督的生命和見證的人，就必像約瑟一樣，時常會遇到神所安排的傳福音、榮耀神並祝福人的機會。人得不著見證神的機會，是因為他尚未得了那種生命和見證的緣故；因神等候著許多屬祂的兒女真正開始尋找祂的時刻。

¹⁷ 法老對約瑟說：「我夢見我站在河邊，

¹⁸ 有七隻母牛從河裡上來，又肥壯又美好，在蘆荻中

吃草。

19 隨後又有七隻母牛上來，又軟弱又醜陋又乾瘦，在埃及遍地，我沒有見過這樣不好的。

20 這又乾瘦又醜陋的母牛吃盡了那以先的七隻肥母牛，

21 吃了以後卻看不出是吃了，那醜陋的樣子仍舊和先前一樣。我就醒了。

　　這是意味著：豐年後，接著要來荒年的程度會很嚴重。

22 我又夢見一棵麥子，長了七個穗子，又飽滿又佳美，

23 隨後又長了七個穗子，枯槁細弱，被東風吹焦了。

24 這些細弱的穗子吞了那七個佳美的穗子。我將這夢告訴了術士，卻沒有人能給我解說。」

25 約瑟對法老說：「法老的夢乃是一個。神已將所要做的事指示法老了。

當約瑟聽法老夢的時候，聖靈同時很明確地光照約瑟，從神而來的解夢、智慧、答案，都是清晰明白的。

神啟示我們的每一句話，其實都是很明確的；人之所以不能確信，不能享受「確信而跟從神」的福氣，都因他們信得遲鈍、心懷二意、疑惑的緣故。

通常，當我們尋求神旨意的時候，聖靈那明確的感動，乃是「在我們心裡所得第一個的感動」；若我們確信而順從，神的能力和作為就會在我們生命生活裡顯現出來。然而，若是我們疑惑或不確定從聖靈而來的感動，我們就會尋找另外的答案，結果，那卻是得著「從人意而來的答案」。譬如，心裡得了「我應該全然信從神」的感動，但心裡又妥協而說「但，若那樣生活，是否太極端呢？會不會遇到困難呢？會不會吃虧呢？」的時候，就會不能確定聖靈已向我顯明的旨意，而留在猶豫不決的狀態或會走錯路。受試探的時候，保惠師聖靈必會很明確地說「你不可以這樣，那是污穢邪惡的，是留給魔鬼攻擊你的機會」；若我們確定聖靈的指教、勸勉而敵擋魔鬼的試探，就能得釋放、得自由，並能得神的賞賜；但，若我們不聽從聖靈而繼續摸著那試探，我們就會跌倒。

26 七隻好母牛是七年，七個好穗子也是七年；這夢乃是一個。

神將一個事情兩次顯明，是因為很重要的事，是必

發生的事，也是很快就要發生的事。

27 那隨後上來的七隻又乾瘦又醜陋的母牛是七年，那七個虛空、被東風吹焦的穗子也是七年，都是七個荒年。

28 這就是我對法老所說，神已將所要做的事顯明給法老了。

29 埃及遍地必來七個大豐年，

30 隨後又要來七個荒年，甚至在埃及地都忘了先前的豐收，全地必被饑荒所滅。

31 因那以後的饑荒甚大，便不覺得先前的豐收了。

32 至於法老兩回做夢，是因神命定這事，而且必速速成就。

這兩回的夢，意味著：在恩典時代，要好好裝備「以馬內利的奧祕」，蒙受夠用的恩惠，以備前面要遇各種的爭戰；也是意味著：蒙受神的恩惠、智慧、能力、恩賜、賞賜的人，可以幫助看不見神的恩典而在許多問題裡困苦流離的人。

當我們靈眼得開而看世界，就能清楚看到世人的生

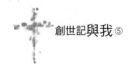
命、人際和生活，都已遇到嚴重饑荒的光景；並且其饑
荒都是來自看不見與他們同在之神，聽不見跟他們說話
之神的聲音。阿摩司書八章11節說：「日子將到，我必
命饑荒降在地上。人飢餓非因無餅，乾渴非因無水，乃
因不聽耶和華的話。」

33 所以，法老當揀選一個有聰明有智慧的人，派他治
理埃及地。

34 法老當這樣行，又派官員管理這地。當七個豐年的
時候，征收埃及地的五分之一，

35 叫他們把將來豐年一切的糧食聚斂起來，積蓄五
穀，收存在各城裡做食物，歸於法老的手下。

36 所積蓄的糧食可以防備埃及地將來的七個荒年，免
得這地被饑荒所滅。」

37 法老和他一切臣僕都以這事為妙。

　　約瑟不但為法老解夢，更提出聖靈賜給他的對策方
案。凡真正認識神、懂得順著聖靈的聖徒，就能得著世
人無法得著的智慧。
　　我們常因看見「信主」的孩童或沒有世界學問的聖
徒口裡出來的智慧而驚歎。

得了特別啟示（使人明白基督福音而認識神）和聖靈的人，是因為他們已經明白神的心，明白了神所帶領的空間和時間，所以，在凡事上能得著「不認識神真理的人則無法得著非常合乎事實」的智慧。

38 法老對臣僕說：「像這樣的人，有神的靈在他裡頭，我們豈能找得著呢？」

法老和他臣僕們的心也都被聖靈感化了；神要成就的事，誰也不能阻擋。

當我們傳揚基督福音的時候，凡得聖靈感動的人都無法不信；當我們宣告神的真理和智慧的時候，聖靈的能力大大顯明，魔鬼的權勢完全被攻破；並且，那因我們認識基督而有的香氣，叫滅亡的人得死的香氣而死，叫得救的人得活的香氣而活（參考哥林多後書二章14～16節）。神要重用的人，必是「有好名聲，聖靈充滿，智慧充足」的人（參考使徒行傳六章3節）；當我們多關注恢復那種生命的時候，就必看到神為我們打開那「蒙神重用」的道路。

39 法老對約瑟說：「神既將這事都指示你，可見沒有人像你這樣有聰明有智慧。

40 你可以掌管我的家；我的民都必聽從你的話。惟獨在寶座上我比你大。」

⁴¹ 法老又對約瑟說：「我派你治理埃及全地。」

⁴² 法老就摘下手上打印的戒指，戴在約瑟的手上，

王所戴的戒指，乃是印證王批准的印章。

給他穿上細麻衣，把金鍊戴在他的頸項上，

⁴³ 又叫約瑟坐他的副車，喝道的在前呼叫說：「跪下。」這樣，法老派他治理埃及全地。

⁴⁴ 法老對約瑟說：「我是法老，在埃及全地，若沒有你的命令，不許人擅自辦事。

王如此的當場決定而宣佈，真不是尋常的事。

決定大帝國埃及首席宰相的事，怎能那麼容易決定？在埃及有那麼多的術士、博士、元老，怎能讓一個希伯來人、三十歲的年輕人當宰相？這完全是聖靈的工作。尼布甲尼撒王，甚至在為他解夢的但以理面前，俯伏在地，向但以理下拜（參考但以理書二章46節）！

⁴⁵ 法老賜名給約瑟，叫撒發那忒‧巴內亞，

這名字的意思乃是「世上的拯救者」。

又將安城的祭司波提非拉的女兒亞西納給他為妻。

當時，許多埃及的王是娶祭司的女兒為王妃，所以法老如此對待約瑟，是王特別的賞賜。約瑟娶了外邦女人為妻，但約瑟的信仰和生命不但不會受外邦人異教徒的影響，反而必影響妻子、娘家和整個國家。他的妻子亞西納，因約瑟蒙神大恩，因此能成為生出以色列兩個支派的祖母。

約瑟就出去巡行埃及地。

46 約瑟見埃及王法老的時候年三十歲。

三十歲，乃是大衛開始作希伯崙王時的年齡，也是主基督耶穌正式開始公開事奉時的年齡。

他從法老面前出去，遍行埃及全地。

47 七個豐年之內，地的出產極豐極盛，

48 約瑟聚斂埃及地七個豐年一切的糧食，把糧食積存在各城裡；各城周圍田地的糧食都積存在本城裡。

49 約瑟積蓄五穀甚多，如同海邊的沙，無法計算，因為穀不可勝數。

通常，人在苦難中，較容易尋找神、依靠神；成功後則較容易驕傲或放縱。但，像約瑟一樣已經將目的放

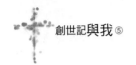

在「得享神」的人，在苦難中或成功後，都是一樣「謙卑、溫柔和忠誠」。約瑟清楚知道：過去自己所經過的苦難、精煉，都是為了成功之後要擔任重要使命的緣故。

50 荒年未到以前，安城的祭司波提非拉的女兒亞西納給約瑟生了兩個兒子。

51 約瑟給長子起名叫瑪拿西（就是使之忘了的意思），因為他說：「神使我忘了一切的困苦和我父的全家。」

52 他給次子起名叫以法蓮（就是使之昌盛的意思），因為他說：「神使我在受苦的地方昌盛。」

「瑪拿西」的意思，並不是指要忘記過去一切的事，乃是指「過去的創傷已都得了醫治」。從兩個兒子的名字裡，我們得到一個很重要的屬靈原理：不是得了昌盛之後，創傷得醫治，乃是創傷得醫治之後，就能看見「與我同在之神已賜給我的那昌盛」。約瑟得了以色列長子的名分，也得了以色列十二基業中的兩個基業，讓我們聯想到：「『少種的少收，多種的多收』，這話是真的。」（哥林多後書九章6節）

53 埃及地的七個豐年一完，

⁵⁴ 七個荒年就來了。正如約瑟所說的，各地都有饑荒；惟獨埃及全地有糧食。

春天殷勤耕地撒種，夏天流汗耕農栽培，秋天感恩收割貯藏，冬天就能享受豐富；我們人生的春夏秋冬也都是如此。

⁵⁵ 及至埃及全地有了饑荒，眾民向法老哀求糧食，法老對他們說：「你們往約瑟那裡去，凡他所說的，你們都要做。」

⁵⁶ 當時饑荒遍滿天下，約瑟開了各處的倉，糶糧給埃及人；在埃及地饑荒甚大。

⁵⁷ 各地的人都往埃及去，到約瑟那裡糴糧，因為天下的饑荒甚大。

對擁有生命答案和見證的聖徒而言，所遇艱難的日子，並不是危機，乃是「能拯救萬民」的機會。

在黑暗遮蓋大地、幽暗遮蓋萬民、人人在各種問題裡困苦流離的時候，乃是那些已得了耶和華之光的人，正要興起發光的時候。神將拯救祝福靈魂體、人際、生活、財政、家庭、後代的智慧和答案，已經都賜給我們了。我們要儘快裝備，並且，在神今日為我們所安排那些問題中，多多得著經得起考驗的答案和信心，以備前

面榮美的事工。

1.今天，神仍然展開救恩歷史

今天，神仍然以祂的聖民為中心展開救恩歷史。

地上人類歷史，乃是基督救恩歷史，從創世記三章開始，直到啟示錄二十章結束；是從亞當夏娃墮落後，神透過女人的後裔（耶穌基督；參考創世記三章15節）和皮衣（神羔羊的代贖；參考創世記三章21節），拯救並扶持屬神聖民成聖，直到其人數和救恩工作得滿足的時候結束；日期滿足的時候，使天上、地上一切所有的都在基督裡面同歸於一（參考以弗所書一章10節）。

在六千年救恩歷史過後，即將會有分開活人、死人並每一個活人（聖民）得永遠基業和冠冕的審判，然後主耶穌基督帶領聖民，進到「新天新地」——祂為聖民預備的空間裡，永遠與聖民共享福樂，並一同做新事。

目前，這看得見、看不見「暫時用」的空間和其中的萬有，也都是藉著基督造的，也是為基督而造的，萬有都靠祂而立，祂在凡事上居首位（參考歌羅西書一章15～17節）。因人的墮落，受造之物都在虛空之下，等候神的眾子顯出來

（參考羅馬書八章19～22節）；主基督藉著祂在十字架上所流的血，成就了和平，便藉著祂叫萬有無論是地上的、天上的都與神和好了（參考歌羅西書一章20節）；藉著祂所流的血，叫聖民與神和好；並且透過聖民的生命、聯絡網和事奉，祂一直都在做叫萬有與神和好的工作。

在過去的歷史中，也有該隱的後裔「非聖徒」（外邦人）的歷史；雖然，他們的數目比聖民多，也世世代代繼續維持了六千年的時光，但他們都不認識神，都在空中掌權者的管轄之下運作；他們的生命、目標、思想、言行，都與神的國和永生無關，都在虛空、罪和審判之下進行（參考以弗所書二章1～3節）。神將所揀選的聖民暫時放在非聖徒掌權的世界裡，從中分別聖民出來（重生），並在世人所帶來的試探和逼迫中精煉他們（成聖），也透過聖民的生命、關係和聯絡網展開救恩聖工（見證基督，召聚聖民，建造永國）。因此，埃及、亞述、巴比倫、波斯、希臘、羅馬等等世上的大帝國和他們的君王、臣宰和子民，看起來其勢力很大，但他們只不過在神所帶領的救恩歷史中擔任配角而已，其實，每一個時代的主角，乃是神所揀選少數的聖民。

在約瑟時代，看起來約瑟只不過是個奴隸和囚犯，但原來當時的主角乃是約瑟；他去到哪裡，神就以他所在之地和所遇的人事物為中心，展開神的救恩歷史。

　　他生長在以色列家庭那種的環境裡，遇到那種哥哥們、波提乏、女主人、酒政、膳長、法老等等的人，並遇到被賣、被誣告、解夢……連七年豐年和七年荒年等氣候變化的事，也都是神為要透過約瑟拯救以色列家族和當時代，並要將以色列家族帶到埃及來，在埃及生養上百萬人的以色列民族，以備透過以色列民出埃及、過紅海、過曠野、爭取迦南應許之地……，要啟示聖民在基督裡得救、受洗、成聖、得基業的奧祕。

　　神以「擁有基督福音和神應許」的約瑟和以色列為中心，展開了約瑟時代的整個世界；以摩西和以色列為中心，展開了摩西時代的整個世界；神以耶穌基督、眾先知、眾使徒、眾聖徒為中心，展開了末世整個歷史。神如此帶領的救恩歷史，來到今天。

　　主基督的福音，從耶路撒冷來到撒馬利亞、安提阿、小亞細亞、馬其頓、羅馬，從羅馬來到歐洲、美洲、非洲、亞洲……，來到了我們和我們的生命聯絡網裡，同時也已經傳到普天下和地極了。

　　今日整個世界、教會和以色列的光景，清楚告訴我們：現在乃是主所預言過的那「人子近了，在門口」（參考馬太福音二十四章33節）的時候了。

　　當代，雖然人口眾多，人與人、民與民、國與國之間的

事情也多，因人心罪大惡極顯在天上、地上、海裡的災殃也加增，神在其中，仍然做那「見證基督，召聚聖民，建立永國」的一件事；仍然，以「真信從基督福音」的聖徒為中心活躍地進行祂的救恩歷史最後階段的工程。

不管我在這世界裡暫時所帶著的條件和所遇的事情如何，若我是個「在基督裡被發現」的生命，我就是今日的約瑟，是當代的主角；我們就不可輕看自己，不可輕看神為我安排的一切條件、關係、聯絡網和所做的事情。只要明白神向我們啟示「使我們能享受以馬內利神一切奧祕」的基督福音，並像約瑟一樣能享受以馬內利神，我們所擁有一切的條件和所遇的人事物，就都成為「祝福許多人和時代」的尊貴工具。

2.神將世人無法明白的奧祕啟示我們

神將世上的術士、博士和通達人無法明白「以馬內利的奧祕」都啟示我們了！

法老、埃及和當時代，都需要約瑟所擁有的答案；若約瑟閉口不講，法老就無法得著神的旨意，無法得救，他和他的人民在七年嚴重的饑荒裡都必滅亡；當時，最有學問和能力的術士、博士都無法知道「約瑟所知道的」事實。

　　當代萬民都需要我們所得的答案；惟有我們所知道的基督福音的答案，才能叫他們脫離罪和死的律，攻破撒但捆鎖人的權勢，認識與他們同在的神，得永生永國永福。我們周圍的家人、親友、鄰居，都正在靈魂體的疾病、人際關係、家庭、財物、生活等各樣的問題裡困苦流離；若我們不為他們禱告，不傳福音做見證，他們就不能脫離問題，不能脫離滅亡。

　　看起來，世人所知道的雖多，但對他們生命最重要、最關鍵性的真理事實則一無所知；並且不但不知，因為他們所學、所研究的，都是在錯謬的知識根基上被建立起來的，所以他們謬誤的知識叫他們一輩子活在被騙的狀態裡，也無意中欺騙許多人。

（1）世人因為不認識基督，就無法認識神

　　世人是因為不認識「基督和十字架」，所以就無法認識神（父、子、聖靈）！

　　不認識神，就必不認識自己，也必不認識一切！

　　不認識神就等於離開神；人在離開神狀態的生活，就等於魚離開水、樹枝隔離樹根；那就是已死的狀態。

　　人有靈魂，所以想要尋找神，但人自己尋找神的結果，就被撒但欺騙而找錯神；他們所找的神，不是神，乃是鬼。

因為他們不認識藉著基督和十字架啟示給自己的真神，以致無法認識「慈愛公義的父神」，因此一輩子不能脫離「死而為魔鬼奴僕」的狀態，死後就要面對永遠的刑罰。

（2）因為不認識基督，就無法認識「初和終」

因為不認識「基督和十字架」，他們就無法認識「初和終」，也無法得著合乎事實的知識。

因為不認識「基督乃是阿拉法和俄梅戛、是初和終，整個世界和歷史的主角；基督十字架，乃是整個歷史的主題；萬人、萬事、萬有都是為要見證基督而存在」的事實，所以就無法得著正確的知識。雖然，他們研究萬有而得著了一些科學知識，但因為不認識創造萬有的主與祂的計畫和旨意，也因為不知道「自己是從哪裡來，往哪裡去，為什麼而活」，所以他們所研究的知識就跑到無窮的錯誤裡。他們那麼認真研究的結論，乃是「進化論」又是「無神論」，結果就叫許多人與他們一同滅亡了。

（3）因為不認識基督，就無法認識神的旨意

因為不認識「基督和十字架」，所以他們無法認識神在我們「與神、與人關係裡所顯明愛神、愛人」的旨意。

若不認識神透過基督十字架所顯明那「Agape」的愛，

人就無法脫離「怕神，論斷人」的狀態，無法恢復「與神、與人和好」的關係。雖然，世人也強調「愛」，但他們所講的愛是「條件性的愛」，所以無法明白「憐憫罪人，連仇敵也愛」的愛；他們所講的愛是受限於「人與人之間」的愛，所以無法明白「蒙神大愛而能愛神、愛人，蒙神憐憫而憐憫人」的愛。惟有透過十字架，真正認識了「神對自己兒女無條件、無窮之愛，蒙受了神的大憐憫，而罪得赦免」的神兒女們，才能恢復神的愛，而能愛神、愛人，並能發現神在凡事上所顯明的大愛，也能憐憫、寬容、包容人到底；藉此，他們就能享受「與神、與人和好」所帶來那無窮的福氣，能使人與神、與人和好，還有神的旨意、引導和賞賜，都在我們與神、與人的關係裡，並且神將祂在每一個關係（與神的關係和與配偶、兒女、父母、兄弟、肢體、親友、男女、鄰居等等的關係）裡的旨意，已都啟示我們了；但，惟有信從神旨意的人，才能發現神在每一個關係中顯明的恩愛並能享受，也在人間能顯出神的愛。

（4）因為不認識基督，就無法認識「永生和永刑」

因為不認識「基督和十字架」，所以他們無法認識「永生和永刑、祝福和咒詛」的原理。

無論何等認真地為自己和所愛的人奮鬥，若神不賜福，

都變為枉然了。

若失去了自己的生命，就算得了全世界也就無所用。

世人不知道「自己原是生長在撒但所管轄之罪和死的律裡，一生就在審判和咒詛裡奔跑，在如此的狀態裡，越成功將要受的刑罰越大……」的事實，所以不懂得尋找永生之道，為要爭取財物、地位、權勢、名譽和享樂而奔跑。

人人羨慕的英雄豪傑、財閥富翁、明星歌星、天才人才，如今都在哪裡？在做什麼？所留後代的光景又如何？

惟有耶穌基督的十字架，叫人與基督同死、同復活而能得永生的新生命和新關係，能脫離罪、死、撒但、審判、咒詛的捆綁，並能永遠活在蒙愛蒙福的律裡。

（5）因為不認識基督，就無法做到悔改

因為不認識「基督和十字架」，所以他們無法倚靠聖靈（重生）而悔改。

若要「遇見神，與神親密相交、同行，蒙受神的恩福」，就要得著神的聖靈（重生），也要認識聖靈；若要得聖靈，人就必要「聽見基督福音而信，信而悔改，也要受洗（與基督同死、同復活）」（參考使徒行傳二章38節；約翰福音三章3～5節；加拉太書三章2～5節）。

修養、修行，並不能叫人得新生命、新生活；若尚未得

「義人（神兒女）的靈魂」，若尚未認識「神透過基督福音所顯明的義」，人就無法行出任何一個義。

然而，凡不認識、不承認基督福音所啟示「被根本問題（罪、肉體、撒但）所捆的光景」的人，則無法明白「與基督同死、同復活，才能得重生」的奧祕，並且凡尚未恢復基督的目標、眼光和方法的人，都無法恢復「與神交通同行」，也無法得享「神在基督身體裡所顯出的大能」。

3.只要願意，我們便能像約瑟一樣

只要願意，我們也能像約瑟一樣，聖靈充滿、智慧充滿、拯救人！

（1）神聖靈賜給我們了

神已將一切的事實和智慧都啟示我們，並將聖靈賜給我們了；只要願意，我們就可以聖靈充滿！

世人聽了基督福音不明白、不接受；但我們是能明白，信而扎心悔改，為何兩者如此的不同？

那都是因為聖靈；「若不是被聖靈感動的，也沒有能說耶穌是主的」（參考哥林多前書十二章3節；以弗所書一章13～14節；約翰福音七章38節）。凡信基督福音的人，乃

是神的兒女，已得了兒子的靈（參考羅馬書八章15節）；他
們因為信神的話，所以隨時都能得著「真理的聖靈」的指教
（參考約翰福音十四章26節）；因此，只要願意，隨時隨
地都能維持「聖靈充滿」（參考以弗所書五章18節；加五
章22～23節）。聖徒必要清楚認識聖靈，知道「何謂聖靈
充滿」，明白自己聖靈充滿時的狀態是如何；這樣，才能在
所判斷、所做、所講的一切事上，確信聖靈的引導，不被搖
動，不膽怯，剛強壯膽地跟從聖靈的引導（參考以弗所書六
章10～18節；提摩太後書一章7節；雅各書一章6～8節）。

（2）聖靈充滿顯示「明白神的旨意」

　　聖靈充滿的狀態，就是顯出「明白神的旨意而順從」的
景況。

　　人在聖靈充滿的時候，並不是顯出超自然的樣子，乃是
顯出「明白、確信、順從神的旨意」的樣子（參考以弗所書
五章17～18節；約翰福音十四章26節），顯出身心靈、生活
都全然恢復神的同在、能力和作為的狀態。

　　主勸勉叫我們維持聖靈充滿，因此我們就知道：只要願
意，我們就能聖靈充滿；只要願意，我們就可以二十四小時
隨時隨地都維持聖靈充滿（參考以弗所書六章18節）。不但
要在禱告並事奉的時候聖靈充滿，連吃飯、休息、睡覺的時

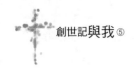

候也都要聖靈充滿。

聖靈充滿的表現，不是只以喜樂讚美的樣子顯現；有時也會像「主耶穌在聖殿趕逐買賣的人時發出義怒的樣子」顯現；有時也會像「主耶穌為耶路撒冷哀哭的樣子」顯現；又有時也會像「主耶穌疲倦而在船上睡覺的樣子」顯現。

（3）聖靈充滿的能力，顯出基督的智慧和能力

聖靈充滿的能力，乃是依靠神的恩愛、引導、幫助，活出基督榮美的形像，顯出基督的智慧和能力，而能趕鬼、拯救人、醫治人、造就人。

主說，你們要得聖靈所賜的能力，你們若得了，就必見證基督，將萬民歸向神（參考使徒行傳一章8節）。基督門徒得了聖靈充滿的結果（參考使徒行傳二章1～3節），乃是做到的事工（參考使徒行傳二章5節～二十八章31節）。

聖靈充滿的能力，並不是每次都要顯出超自然的能力，乃是先使人「靠著主，倚賴祂的大能大力，作剛強的人」（參考以弗所書六章10節），後使人能作有能力的傳福音者。其「跟著主」的祕訣，乃是穿上全副軍裝（信靠基督福音的精義）而靠聖靈（參考以弗所書六章13～18節）。

那樣做的時候，我們就能看見神的引導和幫助，我們能活出基督，基督的權柄和能力從我們的生命顯現出來（參考

加拉太書五章22～23節）；因此我們的生命和所分享的信息，能趕逐魔鬼，也能感化人、拯救人、醫治人、造就人（參考馬太福音二十八章18～20節；使徒行傳一章8節；哥林多後書十章4～5節）。

我們可以在如下幾個方面查考**聖靈的能力**：

a.聖靈的能力，乃是信神的話語之人生命裡顯現出來的能力；沒有一個能力比神的話顯出更大的能力，神以祂的話創造了天地萬有，連一點一畫也不會廢去地都必成全，並且惟有神的話（真理）才能攻破靠謊言而得權勢的魔鬼，謊言被暴露的同時，騙子就失去他一切的權柄和能力。

靠神的話而得的信心和能力，遠超過經歷超自然現象之後能得的信心和能力，並且靠神的話而得的能力，隨時隨在，只要願意就能得著，但超自然性的能力是只在特別情況裡才能經歷的。

b.聖靈的能力，乃是信基督福音之人生命裡顯現出來的能力；神的話，透過基督十字架福音，顯出我們與神、與人的關係，也顯出神對祂兒女長闊高深的慈愛；這神兒女的身分、關係、恩愛所帶來的能力實在很大。

c.聖靈的能力，使人坦然無懼、剛強壯膽；凡在基督裡的聖徒，只要他保持「愛神、順從神」的心，並且繼續不斷地檢討、洗淨自己，他就能在任何情況裡都得著「向神坦然

無懼,向魔鬼剛強壯膽」的心。

d.聖靈的能力,乃是透過享受以馬內利之人的生命顯現出來;沒有一個能力,比看見神親自的保護、引導、幫助而依靠神的能力更大;在那情況裡按需要,超自然的現象也會出現,但經歷超自然現象之後所得著的信心和能力,絕不能勝過看見神、依靠神的狀態裡所得的信心和能力。

e.聖靈能力顯現的程度,與我們「愛神」的程度成正比。當我們看見神的幫助時,的確能得著很大的能力,但那能力還不如「不但看見神的幫助,我們也深深愛神,愛神到勝過自己性命」的時候所發出的能力。

「愛情如死之堅強,嫉恨如陰間之殘忍;所發的電光是火焰的電光,是耶和華的烈焰。愛情,眾水不能熄滅,大水也不能淹沒。若有人拿家中所有的財寶要換愛情,就全被藐視。」(雅歌八章6~7節)神已透過基督十字架,向我們顯明了祂那比自己的性命更愛我們的愛(參考羅馬書五章8節;約翰一書三章16節)。若我們能發現其長闊高深的愛,而能活在與祂熱戀的狀態裡,我們也能勝過自己性命地愛神。帶著那種為主、為主的身體教會甘願殉道之心生活的人,則從撒但而來任何的試探、逼迫和控告都不能勝過他。

（4）聖靈充滿的祕訣，乃是「我死主活」

「我死主活」——難不難做？其實輕省容易，多顯出能力和功效；「我領主隨」——才是會難倒我們的。

因為聖徒的生命，是有主人的，是有戀愛他的、有要賜福與他的，尤其是——那位就是神。

我們要明白如何做，才是「我死主活」。我死主活，應該從丟棄老我的身分而得神兒女的身分開始，也要丟棄小我的目標而要恢復大我（基督的身體、教會、永國）的目標，然後帶著那眼光來發現神的旨意，而要丟棄老我的意念，並要順從神的帶領，依靠神的能力。

懂得「我死主活」的人，不會與人爭競，喜愛謙讓，都得勝並得著最好的；他不會因前面的事常常憂愁擔心，他會享受「叫主負責，然後步步跟從主」的自由和豐盛的福氣。我們要看清：「體貼肉體的，就是死；體貼聖靈的，乃是生命、平安。」（羅馬書八章6節）

主說：「若有人要跟從我，就當捨己，背起他的十字架來跟從我。因為，凡要救自己生命的，必喪掉生命；凡為我喪掉生命的，必得著生命。」（馬太福音十六章24～25節）；屬於我的那獨一無二的十字架，原是主分給我「與主同受苦難，同得榮耀」的冠冕和基業，惟有神的兒女、後嗣有權利能得享的（參考羅馬書八章17節），並且要擔當的時候，才能得

著聖靈所賜豐厚的恩賜和賞賜（參考羅馬書八章26～28節；加拉太書五章16～23節）。

當遇到問題時，屬靈人的靈魂，是不會受到條件、環境、情況和過程的影響，他懂得如何倚靠「靈裡（神的國，至聖所）那不變、不震動的事實和實況（神的話、聖靈、耶穌基督的得勝和代禱、天使的伺候）」而影響現象世界的條件、環境、情況和過程。

屬靈人，越來越懂得掌握「我死主活」的祕訣，也會喜愛禱告，凡事都喜歡順著聖靈而行；他們會成為──無法不禱告、無法不靠聖靈而活的人。

他們定是「快快聽，慢慢地說」，但他們的言語句句都是又真實、又切實，也發出很大的能力和功效；他們看起來動作很慢，但他們的每一個腳步都是誠實殷勤地跟隨主，生命的影響力也是廣、深、久，並且叫神的熱心速速成全神跟他約過那榮美的事。

（5）聖靈充滿的操練，乃在於苦難的過程中

隨時隨地都能聖靈充滿，要經過不斷反覆學習和操練「我死主活、恢復以馬內利、勝過試探和控告」的祕訣才能得的更完整。

生命的成長、成聖、恩膏，絕不是一次領受按手禱告而

能得的；集中禱告、決斷禱告、按手禱告，都會帶來功效，但那是蒙恩膏的開始而已；真正的蒙恩膏，是必須經過「學習神的話和與神親密相交、同行」，也經過許多次不同的挑戰、問題、試驗，並且在得著答案和經得起考驗的信心之過程中逐漸得著的。

聖徒所受的苦難，乃是操練聖靈充滿的好機會；我們不要白白受苦難，從中必要得著七倍的恩膏。

遇到苦難的時候，人人都很容易受到比平時更多的控告，來把苦難當作神所降的懲罰，失去蒙愛的心，得不著從神而來的安慰，在心裡出現內疚、懼怕、自卑……，結果就成為魔鬼的俘虜。但，我們深知——所遇見的試探，無非是人所能受的，神是信實的，必不叫我們受試探過於所能受的；在受試探的時候，總要給我們開一條出路，叫我們能忍受得住（參考哥林多前書十章13節）。

苦難來臨的時候，我們真需要主聖靈的說明；若我們的生命需要潔淨更新之處，聖靈就會告訴我們；若沒有可指責之處（雖然，我們不會完美，但神不把我當作有罪的），聖靈會安慰並保護我們；若我們在服事神、服事人、傳福音的過程裡，遇到了苦難，聖靈就會安慰、稱讚、恩膏我們。

平時，繼續保持活在「愛神，親近神，順從神，依靠神」屬靈狀態的人，當他遇到苦難時，很容易勝過控告，也

很快得著聖靈的安慰和稱讚。保羅是說「誰能控告神所揀選的人？任何的情況或人事或天使，都不能叫我們與神的愛隔絕（使我們都能發現神的愛）」（參考羅馬書八章31～39節）；「我們在一切患難中，祂就安慰我們，叫我們能用神所賜的安慰去安慰那遭各樣患難的人。我們既多受基督的苦楚，就靠基督多得安慰。」（哥林多後書一章4～5節）

凡得了保羅的心腸和眼光的聖徒，在任何情況裡都能靠聖靈享受神的慈愛、安慰和幫助。但，我們要知道——要掌握那種聖靈充滿的祕訣，是必要經過學習和操練才能得著的。保羅說過，他能達到那麼美好的地步，都是透過學習而得的；他說：「我無論在什麼景況都可以知足，這是我已經學會了……隨事隨在，我都得了祕訣。我靠著那加給我力量的，凡事都能做。」（腓立比書四章11～13節）

4.維持聖靈充滿，神就顯出更大的能力

將目的不放在「成功」，乃放在「維持聖靈充滿」，神就顯出更大的能力，成就更美好的事！

約瑟是在家庭、或作奴、或在監獄、或作宰相，他的行事為人都一樣；因為與他同在的神不變，也因為他愛神、順從神、依靠神的方法也不變。雖然，他在苦難中也會難過，

但他知道了「如何能維持聖靈充滿」，他掌握了「我死主活」的祕訣；他在成功的時候也會容易放縱，但他知道了「他更需要聖靈充滿，因為神所託付更重要的使命等候他來做」。在這段經文所啟示約瑟的見證裡，我們就得著如下四個重要的教訓。

（1）不要等候成功，要盡享現在的以馬內利神

我們不要等候成功，乃要盡享現在的以馬內利神，也要盡心盡力服事現在的使命。

約瑟在監獄裡，等著出獄的酒政拯救他的消息；但神叫酒政全然忘記約瑟的請求。

人是等候成功或亨通的狀態；神卻是等候人的信心達到更完美的地步。

無論在艱難的時刻或在亨通的時刻，最重要的事實就是「神的同在和引導」；神仍然愛我們，仍然透過我們生命要做些重要的事。所以不要等候將來成功的時刻，乃要盡享現在的福氣，也要認真服事神現在為我安排的使命；靈命成長並得冠冕，不在於將來，乃在於現在。英文的「Wait」字很美好；不但有**等候**的意思，也有**伺候、服侍**（Waiting on）或**仰望**（Wait upon）的意思；所以將服侍的人叫作Waiter（男）或 Waitress（女）。

我們等候的時間，不是單單等候事情成功的時間，乃是要「仰望神，服事神（人）」的時間，也是「能全然享受以馬內利全備福氣」的時間，更是「學習基督、活出基督、見證基督、操練自己」的時間。若沒有現在的學習和鍛鍊，也不會有將來更美好的事工；並且，現在所受的苦難越大，將來要顯出的能力也越大。

若沒有用到現在應該用的「天國的鑰匙」來打開現在應該要打開的門路，絕不能得著藉著「現在」的門路和更多的門路。當約瑟的哥哥們只是在手中拿著或在口袋裡保管著——主已所賜天國的鑰匙，一個門路也沒有打開的時候，約瑟則已打開了「離開家、護衛長的家、監獄、宰相……」的門路和許多蒙恩的遇見。

我們要記得——沒有一個時間會比「現在」好！

（2）成功之後，仍然維持聖靈充滿更重要

成功之後，像約瑟一樣仍然維持聖靈充滿（謙卑、溫柔、誠實）是更重要的！

人在苦難中的時候，較認真尋找神、依靠神，在成功亨通的時候，容易放肆，也容易驕傲。

但若成功之後，仍然保持聖靈充滿，那人就蒙神喜悅、蒙神重用。

　　其實，神尚未重用一個人之前，將他放在各種試煉裡的理由，就是為要使他成功之後「不靠自己而靠神」。人在苦難中或在亨通中，帶著卑微身分或帶著尊貴身分的時候，那不變的一個條件，乃是「神與他同在，神透過他做事」。因此，對一個真正蒙恩的人而言，在任何情況裡，他思考、做事、說話的方法是都一樣的；不但是一樣，居在高位治理更多人事物的時候，更是會尋求神、依靠神的；事工越忙，他安排禱告的時間會越長。當法老表揚約瑟的時候，約瑟說「這不在乎我，神必將平安的話回答法老」。雖然情況改變了，但約瑟做事的方法仍是一樣的；他在經過苦難時所學到最重要的奧祕，乃是如何看見並聽見「與他同在的神」。因此，他靠聖靈為法老解夢，也提出如何治理國家的方案的時候，聖靈不但感動約瑟，也大大感動法老和他的臣僕，使他們驚歎而說：「像這樣的人，有神的靈在他裡頭，我們豈能找得著呢？」

　　約瑟不但在作奴僕、囚犯的時候謙卑、溫柔、誠實，在作宰相時都是一樣的謙卑、溫柔、誠實，也一樣做到「依靠神，見證神，安慰祝福人」的事奉。

　　約瑟清楚知道：自己不但是埃及的宰相，更是天國的大使、神的僕人；不但要服事埃及，更是要用「服事埃及」的工具和通道來——要見證神、拯救服事萬民。因此，神喜悅

他，繼續恩膏他，藉著他成全了那「拯救埃及，更是拯救以色列七十人，以備將來要以以色列為中心拯救列國萬民」的大工。

目前，我們在苦難裡嗎？我們要像約瑟一樣認真學習「得享以馬內利」的奧祕。或是在成功亨通裡嗎？我們更是要依靠神，忠心做神所託付的使命，並要在人間認真見證神、榮耀神。

（3）學習聖靈充滿，神就啟示更美好的智慧

以「學習聖靈充滿」為中心過日子，神就將更美好的智慧啟示加在我們身上！

我們的一生，必要「活到老，學到老，事奉到老」。

我們今天之所以還活在肉身裡，乃是因為我們還有許多功課要學習，也還有要擔當的使命。

以學習和事奉為中心活的時候，我們就在任何情況裡，都能享受平安喜樂，也能看見神的引導，並且能天天加添永生冠冕和基業。我們蒙恩的聖徒，一生不會遇到「同樣的事情和情況」；若像保羅一樣將我們終生的標竿定為「學習基督，活出基督，見證基督，建立基督身體（永生肢體）」，每天就會發現神為我們所預備新的學習、新的恩膏、新的使命、新的能力、新的遇見和新的見證，並且會發現許多「神

隱藏在平凡生活裡」的智慧和見證。

　　我們認識基督多少，就會認識聖靈多少；我們掌握了「我死主活，活出基督」的奧祕多少，就能掌握「聖靈充滿」的奧祕多少。為要認識聖靈的感動、指教、能力和果子，我們必要認識透過基督十架福音向我們顯明的「神對我們的心意」；從中必要得著「神兒子的心靈」，也要發現神對兒女們的慈愛，而要得「蒙神大愛的心」，也要恢復「愛神、愛人、愛神國的心」，也要明白「神在凡事裡的旨意」，並且，為要更清楚、更敏銳地辨識「聖靈正確的旨意」。

　　我們要經歷許多各種的事情和情況，要經歷各種的屬靈爭戰，從中也要學習「禱告中蒙應允（主禱文所指明八個應允）」的禱告。在那種學習和事奉的過程裡，聖靈將那賜人智慧和啟示的靈也繼續顯明在我們心靈裡，也將各樣美好的恩賜和賞賜加在我們生命裡。結果，我們越來越能更清楚地分辨諸靈，越來越更有權能地敵擋魔鬼的詭計，也越來越更有智慧地拯救、醫治、造就人。

　　主已賜給我們的天國鑰匙，我們要繼續使用，不怕遇到問題，乃要用來得著答案，並且用來進到「更深奧、更實際」的境界裡。

（4）世界絕不能勝過聖靈充滿的聖徒

藉著聖徒的見證，神就速速得著「所預定得永生的人」（參考使徒行傳十三章48節）；凡敵擋的人，都必受咒詛，並且透過所遇到的逼迫，傳福音的門路就會被更廣、更遠地展開！

神為要成全賜給約瑟的應許，叫酒政和膳長做了有講解的夢；憂愁的那二臣，非需要約瑟所講解的答案不可；約瑟給他們解夢，並且事情就照他所講的發生了，無人能阻擋，因他們二人無法不遇到那樣的結果。

神為要成全賜給約瑟的應許，將異夢賜給法老，並且惟有約瑟才能解夢，法老非找約瑟不可，非請求約瑟講解不可；當約瑟講解的時候，聖靈感動了法老，誰也不能阻擋約瑟成為宰相的門路。

當彼得傳講基督福音那最重要的答案時，聖靈感動了三千人的心靈，就誰也不能阻擋他們悔改、受洗、領受聖靈並跟從耶穌基督；當保羅在彼西底的安提阿傳講基督福音時，凡神所預定得永生的人都信了耶穌基督。當我們傳講「人人都死在過犯罪惡中，每天有二十五萬人離開這世界；惟有信耶穌基督才能得救」的事實時，誰也不能變改這事實，凡神所揀選的神兒女們不能拒絕聖靈的感動，不能不信。

即使有人把傳那福音真理事實的人關在監獄裡，或殺死他，那事實也不會成為虛假的事，聖靈的作為誰也不能阻擋。若神幫助，紅海不能阻擋以色列民要走的道路，猛烈的火焰不能燒滅見證神的沙得拉、米煞、亞伯尼歌；哈曼那滅絕以色列民的詭計不但不能成全，他和他的家人反而被掛在自己所預備的木頭上，一切跟他同謀的也都與他一同滅亡。

耶穌基督的福音被宣告的時候，「信他的人，不被定罪；不信的人，罪已經定了。」（約翰福音三章18節）「我要把我的教會建造在這磐石上；陰間的權柄不能勝過他。我要把天國的鑰匙給你，凡你在地上所捆綁的，在天上也要捆綁；凡你在地上所釋放的，在天上也要釋放。」（馬太福音十六章18～19節）「為你祝福的，我必賜福與他；那咒詛你的，我必咒詛他。地上的萬族都要因你得福。」（創世記十二章3節）

過去六千年的救恩歷史，就是證明這事實。

在主耶穌即將回來的末日時刻，那神聖的使命，如今在我們（當代聖徒）的身上，神透過約瑟、摩西、大衛、保羅所顯現一樣的智慧、啟示和權能，一樣要透過我們的生命生活顯現出來。我們要承接前面聖民所擔當過的那「傳揚純正福音，拯救萬民，培養基督門徒，建立教會」的神聖使命，要忠心擔當，並且要知道能勝任其使命的祕訣，不在於「打起勇氣或熱心」，乃在於聖靈充滿。

～禱告～

親愛的主啊，法老聽了約瑟為他解夢之後，驚歎說：「像這樣的人，有神的靈在他裡頭，我們豈能找得著呢？」主啊，我們每次讀這段經文的時候，我們便禱告：願我們的生命和言行都能那樣感動周圍的人，使他們也能得著祢。阿們！

主啊，祢已將「世上有權、有位、有學問的人無法明白的智慧和啟示」都賜給我們了，並將「參透萬事，參透神深奧之事」的聖靈也賜給我們了。透過「耶穌基督並釘十字架」的奧祕，我們已經認識了愛我們的永生父神，明白了父神在我們與神、與人關係裡所顯明的心意，也靠祢的恩典做到了「與基督同死、同復活而能得聖靈」的悔改；藉此，我們已經與主基督一同坐在天上，同時也與主基督一同活在世界裡，在人間擔任起君尊祭司那神聖的職分。

主啊，我們深知：惟有我們聖徒才能靠聖靈隨時隨地得著「從天而來的智慧、能力、恩賜、賞賜」；惟有我們才能拯救死在過犯罪惡之中的人，並以祢的旨意和智慧開啟人無知、疑惑、憂悶的心靈。

主啊，願祢的靈充滿我們，願祢的智慧和能力向我們顯明。阿們！

祢已清楚教導我們：聖靈充滿，並不是超自然性的經歷，乃是「明白祢的旨意而順從」，是從「我死主活」而得的；只要願意，凡重生的聖徒則都被聖靈充滿，並且在二十四小時凡事上都能維持聖靈充滿。我們聖靈充滿的生命所顯出的能力，並非超自然性的神蹟異能，乃是在任何情況裡都能堅信神的話，並依靠神的引導和幫助，活出耶穌基督榮美的生命，彰顯耶穌基督的智慧和權能。因此不但能趕鬼、拯救人、醫治人、造就人，還能建立教會。

主啊，惟靠聖靈充滿，我們才能勝過仇敵魔鬼一切的詭計，享受祢賜給我們的平安喜樂；惟靠聖靈充滿，我們才能勝任「拯救人、保護人、祝福人」的職任。我們深知：凡蒙召的聖民，都像約瑟一樣，在經過各種精煉的過程中，才會更美好地掌握「我死主活，聖靈充滿」的祕訣。主啊，我們要更深、更實際地學習「被聖靈充滿」的奧祕；求祢多多指教我們！在目前我們所遇的困難和精煉中，求祢將祢那出人意外的美意和祢全然托住、幫助我們的奧祕，多多顯明於我們。阿們！

第六十一章

學習約瑟祝福家人的智慧

雅各見埃及有糧，就對兒子們說：「你們為什麼彼此觀望呢？我聽見埃及有糧，你們可以下去，從那裡為我們糴些來，使我們可以存活，不至於死。」於是，約瑟的十個哥哥都下埃及糴糧去了。但約瑟的兄弟便雅憫，雅各沒有打發他和哥哥們同去，因為雅各說：「恐怕他遭害。」來糴糧的人中有以色列的兒子們，因為迦南地也有饑荒。當時治理埃及地的是約瑟；糴糧給那地眾民的就是他。約瑟的哥哥們來了，臉伏於地，向他下拜⋯⋯　　　　（創世記四十二章）

十七歲的少年，所做的異夢「你們的捆來圍著我的捆下拜……太陽月亮與十一個星向我下拜」，終於得成全了。因那些夢被哥哥們厭惡，差一點被殺，被賣出去，成為埃及奴僕的約瑟，誰能想到過了十三年之後，就成埃及的宰相了。

那嚴重的饑荒臨到整個世界，約瑟為眾民糴糧，他的十個哥哥們為要糴糧而來埃及，向他下拜。

神透過約瑟拯救了他家七十人，拯救了當時最強大的大國埃及和列國眾民。神透過約瑟「被兄弟賣，為家人受苦，成了宰相，拯救家人、地區、世界」的事，預表了透過基督耶穌成全救贖大工。

神要啟示：凡在基督裡的人，都是基督的身體；擁有著與約瑟同一個條件；一同得了一樣的神的話、永約和聖靈，同得了「一父一主一靈一洗一體」的生命，都成了基督的身體、是聖靈的殿、是君尊的祭司；因此，在「那充滿萬有者所充滿的」（參考以弗所書一章23節）每一個聖徒生命裡。雖然，每一個聖徒的條件、人際關係、聯絡網和時代不同，但都一樣擁有著那「永遠無窮的指望、豐盛榮耀的基業、超越一切浩大的能力」（參考以弗所書一章17～23節）；神（基督）要活在每一個聖徒（兒女）的生命生活裡，並要豐盛榮耀地成全「個人、家庭、地區、世界福音化」的大工；

因此，神對每一個聖徒說「我必與你同在，我必使你的生命成為你家、地區、列邦萬民祝福」。

約瑟能得著「應許得成全」的祕訣，就在於「步步跟從與他同在的神」！他自己不知道神將來如何成全其事，但他深信「步步跟從現在引領我的主」，就將必達到那「神所賜的應許、遠超過自己所求所想地得成全」的地步。使徒們本不知道「主如何將他們從耶路撒冷帶領到地極」，但主吩咐了他們說，你們「先要得著聖靈」，主的意思是說，當你們得著「以馬內利主的同在、帶領和所賜的能力——聖靈」的時候，你們會知道怎麼做、往哪裡去。

聖徒在傳福音事工上的失敗，不在於「他們不認真、不迫切」，乃在於「他們不懂如何順著聖靈而行」。

在創世記四十二章裡，我們會發現「約瑟在拯救祝福家人的過程裡，更認真地順著聖靈的引導而行」；那是一個自然人無法明白也無法做到的祕訣。他那種「順著聖靈而行」的傳福音法，不但能拯救家人，更是將每一個家人帶到神面前，使他們經過「真正的痛悔」之後蒙神拯救，也使他們真正地遇見神、與神同行。我們要學習，也要將那「順著聖靈而拯救人、醫治人」的原理應用於我們自己祝福家人、親友的禱告、傳福音和服事之中。

讀經

1 雅各見埃及有糧,就對兒子們說:「你們為什麼彼
此觀望呢?

　　這句話,就表示約瑟哥哥們有「不想去埃及」的
心態。因為,他們一想到埃及,就想到「賣弟弟,騙父
親」的事。在這裡,我們會看到「神追問他們的罪,直
到他們悔改的時刻」的實況。

2 我聽見埃及有糧,你們可以下去,從那裡為我們糴
些來,使我們可以存活,不至於死。」

　　當時,全世界遭遇那麼嚴重的饑荒,都是因著以色
列的緣故;再說,都是神為要潔淨以色列家,也要將他
們帶到埃及,生養眾多,然後透過他們「出埃及,過紅
海,過曠野,征服迦南地,分基業」的事,要啟示救恩
的奧祕,也要展開「先是以色列,後是列國萬民」的救
恩大工。

3 於是,約瑟的十個哥哥都下埃及糴糧去了。

　　「十個哥哥都下埃及」的事,也是神的安排;他們
都要經歷「悔而改」的過程。

⁴ 但約瑟的兄弟便雅憫，雅各沒有打發他和哥哥們同去，因為雅各說：「恐怕他遭害。」

「便雅憫不去」的事，在「哥哥們悔改──恢復全然信靠神」的事上擔任了很重要的角色。雅各之所以特別寵愛便雅憫，是因為便雅憫是自己所愛的妻子拉結生的，並且他以為拉結所生的兒子只剩下一個便雅憫了。我們可以瞭解雅各的心情，但雅各如此的作為，總是叫其他兒子們感到父親偏愛約瑟和便雅憫；父親如此不夠智慧的做法就引起了兒子們之間的比較、嫉妒和爭鬥。

⁵ 來糴糧的人中有以色列的兒子們，因為迦南地也有饑荒。

⁶ 當時治理埃及地的是約瑟；糴糧給那地眾民的就是他。

現在，神敘述的舞臺，轉到埃及了。
神特別強調：哥哥們遭難的光景（參考5節）和約瑟蒙恩成功的威風（參考6節）。

約瑟的哥哥們來了，臉伏於地，向他下拜。

創世記三十七章1至11節所敘述約瑟做過的異夢，那「我們在田裡捆禾稼，我的捆起來站著，你們的捆來圍

著我的捆下拜」的夢，在此時終於得成全了。我們因信
神的話和應許所得的異象異夢，那是必得成全的。

7　約瑟看見他哥哥們，就認得他們，卻裝作生人，向
　　他們說些嚴厲話，問他們說：「你們從哪裡來？」

　　　　當約瑟在糴糧的人群裡發現哥哥們的時候，他第一
　　個反應會是如何的呢？在他心裡，必是百感交集。尚未
　　向哥哥們開口之前，想必他會問神「我應該如何對待他
　　們」而得神所賜的智慧了吧？

　　他們說：「我們從迦南地來糴糧。」

8　約瑟認得他哥哥們，他們卻不認得他。

　　　　哥哥們不認得他，是因為：他們與約瑟已經分開
　　二十二年了，少年約瑟已變為中年；約瑟裝束成埃及高
　　官的儀態；他們不敢抬頭看埃及宰相。

9　約瑟想起從前所做的那兩個夢，

　　　　可回頭重溫三十七章1至7節。

　　就對他們說：「你們是奸細，來窺探這地的虛實。」

　　　　約瑟將最嚴重的罪名套在他們身上。

¹⁰ 他們對他說：「我主啊，不是的。僕人們是糴糧來的。

¹¹ 我們都是一個人的兒子，是誠實人；僕人們並不是奸細。」

哥哥們之所以如此講，是為要證明他們不是奸細；因為世上沒有一個奸細團會從一個家庭的全體兄弟組成。這原是約瑟的智慧；約瑟將這「奸細」的罪名套在哥哥們身上的目的，乃是要知道目前他父親、弟弟便雅憫和整個家人的情況。

¹² 約瑟說：「不然，你們必是窺探這地的虛實來的。」

¹³ 他們說：「僕人們本是弟兄十二人，是迦南地一個人的兒子，頂小的現今在我們的父親那裡，有一個沒有了。」

他們講這句「有一個沒有了」的時候，他們心裡必有聖靈所賜的責備，並且會想到他們來埃及遇到這種事，必是神的責罰。

¹⁴ 約瑟說：「我才說你們是奸細，這話實在不錯，

¹⁵ 我指著法老的性命起誓,若是你們的小兄弟不到這裡來,你們就不得出這地方,從此就可以把你們證驗出來了。

¹⁶ 須要打發你們中間一個人去,把你們的兄弟帶來。至於你們,都要囚在這裡,好證驗你們的話真不真,若不真,我指著法老的性命起誓,你們一定是奸細。」

¹⁷ 於是約瑟把他們都下在監裡三天。

這「三天」,叫我們想起「約拿在魚腹裡的三天裡的悔改」,和「耶穌基督在陰間裡的三天」;他們十個人,在這收監三天的時間裡,必做到了深深地悔改。

¹⁸ 到第三天,

在這三天裡,想必約瑟是迫切禱告,求神賜給他美好的智慧。神就賜給他以下的智慧:

約瑟對他們說:「我是敬畏神的;你們照我的話行,就可以存活。

¹⁹ 你們如果是誠實人,可以留你們中間的一個人囚在監

裡，但你們可以帶著糧食回去，救你們家裡的饑荒。

20 把你們的小兄弟帶到我這裡來，如此，你們的話便有證據，你們也不至於死。」他們就照樣而行。

　　約瑟在前面所講「九個人留下來，一人回去」的主意，把它改到「一人留下來，九個人回去」，是因為他在三天禱告中，想到「應該差派九個人，將更多的糧食送去，而要照顧迦南地的家人」的主意。

21 他們彼此說：「我們在兄弟身上實在有罪。他哀求我們的時候，我們見他心裡的愁苦，卻不肯聽，所以這場苦難臨到我們身上。」

　　這句話，就證實：賣弟弟約瑟的事，一直在他們心裡成了深深的內疚。在過去二十二年，他們的日子必是不好過的吧？我們要知道，沒有一個刑罰比人心裡的內疚更嚴厲。

22 流便說：「我豈不是對你們說過，不可傷害那孩子嗎？只是你們不肯聽，所以流他血的罪向我們追討。」

　　凡尚未「認罪悔改，受過刑罰，或罪得赦免」的人，是每次遇到艱難事情的時候，就會想起「這是否我

的罪所帶來的懲罰」。聖靈繼續在哥哥們心靈裡做工，使他們在這一段極其痛苦的過程中，如同「魚腹裡的約拿」一樣徹底地悔改。

23 他們不知道約瑟聽得出來，因為在他們中間用通事傳話。

　　約瑟要暗察哥哥們的心意，試看他們真正悔改了沒有，因此，隱藏自己能聽懂希伯來語的事實，而經過翻譯與哥哥們交通。

24 約瑟轉身退去，哭了一場，又回來對他們說話，就從他們中間挑出西緬來，在他們眼前把他捆綁。

　　約瑟之所以在十個哥哥中選二哥「西緬」，也是出於愛心吧。約瑟很認識十個哥哥每一個的為人；按創世記四十九章5至7節父親雅各的預言來看，我們就可以知道西緬和利未的為人，在兄弟們中最殘忍；那事實，在為妹子底拿向示劍人報仇的時候，也早就證明出來了（參考創世記三十四章25節）。約瑟認為二哥西緬或三哥利未較容易忍受監獄生活，並且西緬比利未大，因此，約瑟選了西緬來替兄弟們坐牢。

25 約瑟吩咐人把糧食裝滿他們的器具，把各人的銀子歸還在各人的口袋裡，又給他們路上用的食物，人

就照他的話辦了。

約瑟如此做是為什麼呢？透過當哥哥們發現的時候，他們「提心吊膽」的樣子，我們可知道約瑟這樣的智慧，的確在哥哥們悔改上加添動力了。但，約瑟如此做，還是由於他對家人的愛心吧？雖然約瑟嚴厲地對待他們，但約瑟還是不能不如此細密地照顧他的哥哥們。等到哥哥們悔改並與約瑟和好之後，約瑟如此做的事必給他們加倍的感動。

26 他們就把糧食馱在驢上，離開那裡去了。

27 到了住宿的地方，他們中間有一個人打開口袋，要拿料餵驢，才看見自己的銀子仍在口袋裡，

28 就對弟兄們說：「我的銀子歸還了，看哪，仍在我口袋裡！」他們就提心吊膽，戰戰兢兢地彼此說：「這是神向我們做什麼呢？」

他們尚未悔改並與神和好的時候，這事情就叫他們「提心吊膽」，也問「神向我們做什麼呢」；但等到他們與神與約瑟和好之後，他們都必因神的慈愛和約瑟的關懷加倍感恩吧！

29 他們來到迦南地、他們的父親雅各那裡，將所遭遇

的事都告訴他，說：

30 「那地的主對我們說嚴厲的話，把我們當作窺探那地的奸細。

31 我們對他說：『我們是誠實人，並不是奸細。

32 我們本是弟兄十二人，都是一個父親的兒子，有一個沒有了，頂小的如今同我們的父親在迦南地。』

33 那地的主對我們說：『若要我知道你們是誠實人，可以留下你們中間的一個人在我這裡，你們可以帶著糧食回去，救你們家裡的饑荒。

34 把你們的小兄弟帶到我這裡來，我便知道你們不是奸細，乃是誠實人。這樣，我就把你們的弟兄交給你們，你們也可以在這地做買賣。』」

35 後來他們倒口袋，不料，各人的銀包都在口袋裡；他們和父親看見銀包就都害怕。

36 他們的父親雅各對他們說：「你們使我喪失我的兒子：約瑟沒有了，西緬也沒有了，你們又要將便雅憫帶去；這些事都歸到我身上了。」

　　我們可以瞭解父親雅各極其難過的心情。在雅各的一生中，使他最難過的事情，乃是「失去寵兒約瑟」的事；現在，他害怕要再失去兩個兒子。其實，這就是神堅固雅各信心的過程。神時常以「人最看重的人、事、物」來試驗或堅固人的信心；直到以神為唯一的滿足和賞賜之前，人的心靈都無法享受神所賜絕對的平安和喜樂。

37 流便對他父親說：「我若不帶他回來交給你，你可以殺我的兩個兒子。只管把他交在我手裡，我必帶他回來交給你。」

　　在世上，不會有「以殺死孫子來向兒子問責」的爺爺。但在長子流便如此決意的光景裡，我們可以看到約瑟哥哥們的悔改，已經達到「看重父親和兄弟的性命勝過自己性命」的程度。在創世記四十四章9、33節裡，猶大也表達「以自己的性命替代弟弟便雅憫」的意思。

38 雅各說：「我的兒子不可與你們一同下去；他哥哥死了，只剩下他，他若在你們所行的路上遭害，那便是你們使我白髮蒼蒼、悲悲慘慘地下陰間去了。」

　　在創世記四十三章1至15節裡，我們看到：雅各直到

整個家人再沒有糧食而將面臨絕滅的時刻，還是不能放
便雅憫。

我們在創世記四十二章裡，清楚看到神醫治、堅固
雅各每一個家人的光景，從中我們可以得著「我和我家
得醫治」的福音答案。

1.透過約瑟的表現，我們要得智慧

透過創世記四十二章約瑟的表現，我們要得「靠聖靈祝
福家人」的智慧。

約瑟是預表耶穌基督的人物；從小做了日月星都向他下
拜的異夢，被哥哥們賣到埃及，替家人受苦，作奴僕、囚
犯，原是神所定將要拯救萬民的主（宰相），憐憫、饒恕
哥哥們並愛他們到底，拯救整個家族，得了兩個長子的基
業……等等。透過約瑟我們可以學到「如何真正祝福人，把
人帶到神的面前」的智慧。

**約瑟深信他每天所遇的事情，乃是神成全「四大福音化」
應許的過程；因此，約瑟每天為「四大福音化」禱告的同時，
更是注重了「今日神在我事奉裡的帶領」！**

約瑟之所以能看見「神時常與他同在」，並能察驗到神
的旨意，是因為他真信了神賜給他的那「你無論到哪裡去，

我必都與你同在，並且我必叫你成為你家、地區、列邦的祝福」的應許；因此，他無論在何時何地，都以「神必與他同在」為事實和「在這情況裡如何能榮神益人」的目標察驗了「神的同在和旨意」；神喜悅了約瑟的「信從」，所以神將同在和旨意都向約瑟顯明了。

凡屬基督耶穌的聖徒，都已領受了與約瑟同樣的應許；主說：「你們要去，使萬民作我的門徒……我就常與你們同在，直到世界的末了」（馬太福音二十八章18～20節；參考使徒行傳一章8節）。「以馬內利和四大福音化」的應許，不但是聖徒要信的內容，更是「使聖徒能得神同在和引導」的根基和眼光。

若只信而得不著「神的引導」，那應許不能得成全。

約瑟，若他在作奴僕的時候，得不著以馬內利神的帶領和賜福，就無法成為埃及宰相，也無法拯救他的家人、埃及（地區）和當時時代。

現在，在我們所遇的情況裡，若尚未恢復以馬內利和神的帶領，我們不但不能看見「神賜給我們的應許豐盛榮耀的成全，連自己的性命也能被拯救」，反而只是分分秒秒浪費掉地上極其尊貴的光陰。

我們要像約瑟一樣，每天為「四大福音化」禱告的同時，更要注重「今日神在我事奉裡的帶領」！將眼光要放在

「我自己恢復以馬內利，活出基督」上，也特別要關注「家庭、教會、職場」的三個生活禾場，並且要盡心盡力擔當自己的「責任和使命」。我們要「過幸福又成功人生」的祕訣，就在於「得神的喜悅」；神喜悅我們，神就叫我們所做的凡事盡都順利，也迅速成全「施恩賜福與我們所愛之人」的事。

感動、感化人的祕訣，不在於「講道理」，乃在於「誠實和仁愛的行事為人」；誠實和仁愛，乃是神的兩大屬性，也是顯明「信從神之人生命」的力量。

當約瑟看見「哥哥們向他下拜」的時候，勝過了人情，更認真地靠聖靈行事！

我們讀約瑟生平的時候，心裡會產生一個疑問：約瑟，當他在埃及生活得安頓，甚至成了埃及宰相之後，為何不回去迦南地自己的家，探望那麼想念的父親、弟弟和家人呢？我們可以猜測到「神不許可他那樣做」；因為神是想在最美好的時間表裡，最豐盛榮耀地成全祂賜給約瑟的應許。

約瑟的哥哥們尚未到達「徹底悔改」的時候，約瑟帶著「極其成功」的樣子向哥哥們出現，不會帶來好的結果；只會引起哥哥們的嫉妒、阿諛或勉強的順從。約瑟明白了神更美好的旨意，因此，他忍耐等候神所安排的時間表，將前面的事都交託給神，然後每天更是看重「忠心跟從神的帶

領」。因此，如此順著聖靈而行的約瑟，當他看到那時間終於來臨，哥哥們來糴糧，向他下拜的時候……

他為哥哥們的禱告，將其焦點不單單放在「自己與哥哥們和好」的事上，更是放在「叫哥哥們經過悔改之後，與神和好」的事上！

在那種情況裡，若是一般人，則情不自禁，必向哥哥們顯露「自己就是他們的弟弟約瑟」的事實，大哭一場，然後只能做「神如何恩待他」的見證。但，約瑟在那樣情況裡，不靠血氣或人情而行事，更是認真尋找神的帶領——順著聖靈而行，請求神賜給他最美好的智慧，壓住他自然人的下意識反應，而步步跟從神的引導。

他明白：自己必要等候「神在哥哥們心靈裡必要做的事——真正悔改，而與神與人和好。我們要學習約瑟如此「靠聖靈行事」的好榜樣；也在為人——家人、親友、肢體、時代的教會禱告的事上，不要單以人來教會為滿足，必要以「使他們經過真正地悔改，與神與人和好，與神親密相交、同行」為終極目標。

約瑟引導「哥哥們悔改」，從頭到尾，都在「仁愛、憐憫、幫助」裡進行！

在外表上，約瑟是很嚴厲，內心卻一直為哥哥們流淚；他嚴厲的表現，是出於真正的愛，為要真正祝福他們永遠的

生命。不但為他們代禱，在禱告中得了神所顯明「誠實（清潔）和仁愛（和平）」的旨意，也實際地幫助、照顧他們。

神也是以如此的心腸憐憫我們、拯救我們，繼續以「公義和慈愛」安慰、勸勉、牧養我們。

我們為家人、親人、肢體所做一切的傳福音和牧養的工作，必要都出於「Agape神的愛」；不可以單講道理，或只有指責而沒有安慰和勸勉，務要「憑著愛心說誠實話」的同時，也要繼續以禱告來托住，並有實際幫助。很多聖徒不能傳福音、禱告不能蒙應允的原因，乃是因為他們的心靈裡受傷尚未得醫治，也是因為他們尚未饒恕人。凡「不能饒恕人，還在論斷人，定人的罪」的人，不但不能拯救人，連自己的性命也是不能拯救的。

沒有一個人在生長日子裡所受過的傷害會大過約瑟所受的，會大過神的獨生兒子、我們的主耶穌基督所受的；沒有一個人有資格能蒙神透過耶穌基督顯明那麼大的憐憫和慈愛；沒有一個基督徒沒有蒙受過「不應該的憐憫和饒恕」。因此，我們在「為人的代禱並做傳福音事工」的時候，我們的眼光更要關注「父神對我的憐憫、慈愛、安慰和勸勉」上；從中我們會得著「對人無窮的憐憫和仁愛」，也會得著從上頭而來的智慧、權柄和能力。

2.透過哥哥們的悔改，我們要檢討生命

透過哥哥們的悔改，我們要檢討在我生命裡有否「要得潔淨」的內容。

若神幫助我們，誰能敵擋我們呢？若神賜福與我們，誰能咒詛我們呢？誰能叫神的愛與我們隔絕呢？萬事都必互相效力，叫愛神的人得益處。

因此，最重要的關鍵就在於──我們與神的關係，只要我們心裡有確據「神愛我們，神幫助我們」，我們就能在任何情況裡享受絕對的平安和喜樂，也能口唱心和地讚美主、見證主而成為多人的祝福，並能繼續過恩上加恩的日子。問題是我們不能保持「與神和好（神愛我，我愛神）」的狀態；因為我們知道自己是不完全的，知道「我所願意的善，我反不做；我所不願意的惡，我倒去做」（羅馬書七章19節），也因為魔鬼撒但緊緊地抓住我們的罪，晝夜控告我們；我們若沒能除淨所犯的一切罪，就無法脫離魔鬼的控告，無法與神和好，無法得著「神愛我」的確據。被控告的心靈，無法看見神的恩惠和慈愛；他那懼怕的心靈，無法得著將必蒙神恩福的盼望；懼怕含著刑罰──也必遇到刑罰。

在這段經文所敘述的約瑟哥哥們的生命裡，我們會發現人不懺悔自己所犯的罪時所存在的不可避免的痛苦。他們犯

了嚴重的罪：賣掉弟弟約瑟，二十二年欺騙父親雅各。

　　二十二年，他們過的是真不好過的日子；每一次看到父親因失去約瑟而痛苦的時候，他們有罪的心靈也必被控告而痛苦；每當遇到什麼不如意的事，他們就會想「是否神懲罰我呢」。他們那種「尚未解決罪，時常被控告」的生命，能做到有功效的獻祭和禱告嗎？他們必定不敢面對神，就算做了獻祭、敬拜和禱告，那也不過是形式、儀式罷了。因為沒有一個刑罰比「內疚」的刑罰更嚴重！

　　罪是從魔鬼而來的，人犯罪的同時，就被捆在魔鬼手中，不能脫離魔鬼的控告，也不能脫離「魔鬼那已受到的審判」。直等到徹底解除罪孽之前，人都無法坦然無懼地來到神施恩的寶座前；雖然神仍然與他同在，憐憫他、願意拯救他，但他那被控告的心靈是不願意面對神的，就像亞當一樣，懼怕神而隱藏自己。

　　人的生命乃是靈魂；靈魂就連結於靈界，也要受「屬靈的律（原理）」的約束。屬靈的律有兩種：一個律，是「罪和死的律」，凡在此律裡的，必要受審判、受咒詛，也不能脫離地獄永遠的刑罰；另一個律，乃是「賜生命聖靈的律」，凡在此律裡的，都能活在神的慈愛和公義裡，因而會蒙受神的憐憫和賜福，並能享受神所預備的永生福樂。

　　因為亞當犯罪而死了，以至於他所有的後裔也都與他一

同死了；沒有義人——連一個都沒有，在亞當的後裔中，沒有一個人能靠自己所行的義拯救自己。人在如此狀態的時候，神為人所預備的救恩，乃是耶穌基督的代贖，藉此，神不但解決了人的罪和罪所帶來的一切咒詛，更向人顯明了祂那永遠無限、無條件的愛。

神的救恩，乃是叫凡「信自己有罪並且無能，信基督代贖的救恩、願意悔改、與基督同死同復活、尋找神的旨意而順從神」的人，都能脫離罪和死的律，而活在「賜生命聖靈的律——得聖靈的保護、有聖靈的引導、有聖靈所賜能力」裡。

惟有神的兒女們，才能如此信基督福音而能得救；並且神對自己兒女的慈愛是永不改變的，神必引導兒女們走成聖的道路，所以，誰也不能定他們的罪，誰也不能叫神的愛與他們隔絕。

神的兒女，還在世上，還活在肉身裡的時候，會受試探也會跌倒。但，保惠師聖靈的指教時常在他們心中，所以他們不會繼續留在罪惡裡；當聖靈提醒、責備他們或管教他們的時候，他們就必來到神的面前認罪悔改而得著潔淨。

聖徒能勝過魔鬼晝夜控告的祕訣，乃在於：

（1）耶穌基督神羔羊的寶血。

（2）他們所見證的道——神的話和旨意。

（3）為主基督不愛惜自己的性命（參考啟示錄十二章
　　10～11節）。

　　因此，凡在基督裡的聖徒，只能保持「愛神，順從神」
的心，隨時隨地都能潔淨自己，也能享受繼續隨著他的神的
恩惠、慈愛、安慰和勸勉。有些聖徒總不能脫離不安、懼
怕、憂慮，都是因為他們「不願意悔改，或不知道如何悔
改」，並且，那都是來自「不夠認識基督福音，不夠明白父
神的大愛」。

　　約瑟的哥哥們，雖然他們犯了很大的罪，其為人意念言
行也都極其軟弱，但他們還是神所愛的兒女們，並是將來要
成為列國萬民之福的生命；所以，神必不撇棄他們，必會潔
淨醫治他們。因為神不丟棄他們，所以，神的管教一直不
離開他們，譬如猶大家庭裡發生的事（參考創世記三十八
章），他們心靈裡的控告也總不離開他們；但他們不悔改，
也不知道怎樣悔改。因此他們要做的悔改，不得不等到「嚴
重的饑荒來臨，整個家族因饑荒而要面臨滅絕，所以神把他
們帶到他們賣出去的弟弟約瑟面前，將他們隱而未現的罪全
部暴露出來」的時刻。

　　神把他們步步帶進「非徹底悔改不可」的地步。在監獄
裡的三天，在來回埃及和迦南地的路上，也在埃及宰相面
前。

　　隨著情況很奇妙地展開的過程裡，他們就恐懼戰兢、提心吊膽了。他們必要經過這樣痛苦的過程，並在這過程裡他們漸漸恢復了「為父親、兄弟和家族，不顧自己性命」的心。

　　他們終於發現：原來那埃及宰相就是他們要殺害並賣掉的弟弟；原來他們在犯罪的時候，神就在那裡也凡事都知道；他們所遇到的苦難原來都是神的管教，他們心裡的控告乃是神催逼他們悔改的聲音；原來約瑟所信的應許和所得的異夢，都是神親自賜給他們的；犯了那麼嚴重的罪而不滅亡，都是神的憐憫、忍耐、等候……的事實。等到他們發現這一切事實的時候，他們就徹底悔改了；他們終於看到了「自己生命裡的罪根、心靈敗壞到極處的光景和屬靈背景」；也終於明白了他們從小與父親一塊兒做「流血的祭」（基督福音）的真意；因神的憐憫和慈愛感激不盡了，終於明白了神對他們的心意和計畫。當他們真正悔改的時候，神就拯救了他們，與他們和好，也賜福與他們，使他們成為以色列後代和列國萬民的祝福！惟有蒙神揀選的兒女，才能遇到如此的「受管教、悔改、罪得赦、重生」的福氣！

　　我們要確認自己的生命：

·有沒有到如今尚未得潔淨、隱而未現的罪呢？

· 有沒有經歷過約瑟哥哥們那樣的「真正的悔改」呢？

· 有沒有清楚認識「信耶穌基督的精義」呢？

· 有沒有已成了基督身體的證據呢？

· 有沒有一切的罪都得赦免、全然得潔淨的確據呢？

· 有沒有早晚檢討自己、潔淨自己，明白神的旨意和帶領而跟從主呢？

· 有沒有活在「生命聖靈的律」裡呢？

· 有沒有看見凡事都是神的恩惠和慈愛呢？

· 有沒有信心我的明天將必更美好呢？

我們為人的禱告，必要與「約瑟為家人禱告」一樣，把人帶到神的面前，使人經過徹底的悔改而恢復「愛神，順從神」。

3.透過雅各的不安，我們要確認信心

透過父親雅各不安、懼怕的心態，我們要確認「我對父神」的信心。

在這段經文裡也會看到：神繼續堅固雅各信心的過程。

　　其實，約瑟和十一個兒子身上所發生的一切事情，都是神豐盛榮耀地成全「賜給雅各（以色列）應許」的過程。神曾經在伯特利向雅各顯現，賜給他應許說：「我是耶和華——你祖亞伯拉罕的神，也是以撒的神；我要將你現在所躺臥之地賜給你和你的後裔。你的後裔必像地上的塵沙那樣多，必向東西南北開展；地上萬族必因你和你的後裔得福。我也與你同在。你無論往哪裡去，我必保佑你，領你歸回這地，總不離棄你，直到我成全了向你所應許的。」（創世記二十八章13～15節）而後幾次神也以同樣的應許來堅固雅各。但，雅各常常失去信心，因此，他和他家庭遇到許多的問題，並且神在那些問題中，繼續不斷地堅固他的信心，好叫他能成為兒女、後代和列邦的祝福。

　　雅各，他是蒙恩蒙愛的生命，當然他有信心，他信神也信神所說的話語和應許；但，他所信的神尚未真正成為「時常與他同在，凡事上引導他」的神時，他所信的內容就尚未成為他的眼光，尚未成為聖靈在心靈裡隨時的指教，所以，很多時候，他所想和所判斷的不合乎神的心意；因此，他的生命和言行，不但不能顯出神的能力，反而引起許多問題。

　　在他心裡顯現的懼怕、憂慮，都是由於他的不信而來；妻子和兒子之間的嫉妒、紛爭，也都是他那尚未恢復正確的信心和眼光導致偏愛而引起的。

在這段經文裡，我們會看到：在他生命裡有一個總不能脫離的懼怕；他怕失去所愛的兒子便雅憫；若他信了愛他的全能神，他為何會如此懼怕呢？他那尚未恢復完整信心的地方，就成了仇敵攻擊他和他家的通道，也耽延了神要成全應許的作為。「人非有信，就不能得神的喜悅；因為到神面前來的人必須信有神，且信祂賞賜那尋求祂的人。」（希伯來書十一章6節）主耶穌也常常責備人的不信和小信，也有很多次強調而說──信心會成就大事（參考馬可福音十六章14～20節）。

信心是什麼呢？哪種信心是最完整的信心呢？

信心有三個內容，也會帶來三個證據──

（1）我們的信心要有對象

我們要正確認識神，也要信任、信賴並信從神；祂是永遠愛我們的阿爸父神，是無所不在、無所不知、無所不能的全能神，是必成全祂話語的信實的神。我們信賴那位愛我們、全能、信實之神的證據，乃是時常看見神的同在、慈愛和引導而享受祂所賜的平安喜樂。

（2）我們的信心要有可信的內容

我們要信神口裡出來的話語和應許，神必「連一點一畫

也沒有廢掉」地成全祂的話語。因此,我們的信心是從「聽神的話,明白神的話,時常默想背誦神的話,應用神的話」而來的。我們信神的話的證據,乃是明白神的話是講到「主耶穌基督並祂釘十字架」的,在神的話所講的基督裡,得著我們的身分、心腸、目標、眼光而能成為基督的身體,並且明白聖靈指教我們的奧祕,時常察驗神在凡事上的美意而跟從神的帶領。

(3)我們的信心要有「求必得著」的功效

我們要信神必垂聽我們的禱告,信神喜愛透過我們的禱告做事,信我們的禱告會改變天地人心的情況,也會開啟蒙恩蒙福的明天。凡信這事實的人,就必每天以禱告、祭壇、肢體為中心生活,喜愛聆聽聖靈的指教和引導,關注自己心靈的狀態,不放任不安、懼怕、憂慮,越來越能掌握潔淨自己生命的奧祕,並將一切的憂慮都卸給主,時常看到自己的禱告得蒙神應允的證據而能做美好的見證。

～禱告～

親愛的主啊，願祢透過雅各、約瑟和十個兒子
發生的事所要給我們的教訓，都成就在我們的生命
和人際關係裡。我們因祢為我們安排的父母、兄
弟、配偶、兒女、肢體、親友感謝祢！我們都在那
關係裡出生、長大，也從那關係的互動中，蒙受祢
的恩惠和慈愛，學習祢所定的道理，並要榮神益
人、建立永國。祢的美意，就在於使我們透過這些
人際關係，學習基督對父神全然的順從、對兄弟的
憐憫、包容、服事、對配偶的犧牲和成為一體的奧
祕；也叫我們明白父神對兒女永遠無限、無條件的
大愛。

主啊，何等大的恩典和賞賜，就在我們每一個
人所擁有獨一無二的關係和條件裡！我們同心讚美
祢美好的旨意和豐富的智慧，同聲頌讚祢信實的作
為和豐盛的產業！願祢的旨意豐盛榮耀地成就在我
們的生命、關係和時光裡。阿們！

主啊，祢是亞伯拉罕、以撒、雅各的神，也是
我們的神。祢曾經賜給他們的應許，直到如今都豐
盛榮耀地成就出來了；我們深信祢賜給我們的應

許，也必在我們獨特的條件裡，都一樣豐盛榮耀地成就出來。祢應許我們說：我必與祢同在！我必使祢恢復基督榮美的生命！我必使祢成為多人的祝福！我必使祢、祢家和祢的後裔成為地區和時代的祝福。阿們！主啊，願祢成全！

主啊，我們每次讀到「約瑟和他哥哥們重逢」的時候，就得到莫大的激勵和感動，也獻上我們迫切的禱告。從我們蒙祢大恩而活在祢裡面的那時，我們靈眼得開而能分辨天國與世界、福音與宗教，明白人生的意義，而為得著基督和永生產業奔跑，也為所愛的家人、親戚的蒙恩禱告，我們也像約瑟一樣遭遇到種種的內憂外患。約瑟得勝的祕訣，就在於信靠主所賜以馬內利和四大福音化的應許，而時時尋找以馬內利主和主的旨意，並且步步順從。他不因所遇的逆境而自卑，也不因成功而驕傲，不灰心也不焦急，總是步步忠心跟從主的帶領，見證主榮美的作為。

主啊，我們知道祢賜給我們的永約能豐盛榮耀地得以成全，全靠今天我們在人際關係和服事上所遇到的難處和從這遭遇難處之中學習基督的樣式。

主啊，很多時候，我們因所愛之人的剛硬不

信、蒙昧無知而難過；因他們抵擋真理、逼迫基督、遠離我們而痛苦。我們常常灰心而放手，著急而強迫；想要達成的沒達到，反而因不當不智的言行阻擋主工，叫仇敵毀謗的作為越發猖狂得力。我們很羨慕約瑟，很想得著他的信心、眼光和方法，也願學習他的愛心、耐心和忠心。

主啊，願我們的日子也像約瑟一樣，都蒙祢悅納，都能蒙祢重用而成為多人的祝福。

主啊，求祢醫治我們，光照我們，堅固我們！求祢垂聽我們的禱告。阿們！

第六十二章

全能的神必保佑你們！

　　那地的饑荒甚大。他們從埃及帶來的糧食吃盡了，他們的父親就對他們說：「你們再去給我糴些糧來。」猶大對他說：「那人諄諄地告誡我們說：『你們的兄弟若不與你們同來，你們就不得見我的面。』你若打發我們的兄弟與我們同去，我們就下去給你糴糧；你若不打發他去，我們就不下去，因為那人對我們說：『你們的兄弟若不與你們同來，你們就不得見我的面。』」以色列說：「你們為什麼這樣害我，告訴那人你們還有兄弟呢？」……

（創世記四十三章1～15節）

我們聖徒都相信又真又活的全能神，卻不能在判斷、做事、說話之中照著那事實而活——乃是我們的問題。尚未解決這屬靈問題之前，我們就無法看見「神成就祂的話和應許」的光景。

神以救恩歷史（傳揚基督福音，召聚聖化聖民，建立永遠國度）為中心帶領地上的人類歷史，並以雅各（以色列）和他十二個兒子為中心展開其救恩歷史。

神將永遠的應許賜給雅各，同時也繼續不斷地成就賜給他和他後裔的應許。他在矛盾裡生養了十二個兒子，那同父異母的兒子們，常常顯出彼此爭競、嫉妒、憎恨的矛盾，每一個兒子和他們的家庭也顯出種種的問題（長子流便的問題，猶大家庭的問題……等），但神仍然在其許多矛盾中生養他們並成就神要成就的事，以備「拯救祝福列國萬民」的以色列，從中也顯出「福音的大能」。

因為神在他們身上有特別的計畫，所以，撒但的毀謗和攻擊也都集中於他們身上，神卻用來顯出基督福音的奧祕和大能。雖然，神以祂的主權成就祂的計畫，但神不會透過不信、不潔淨的人成全其極為神聖榮美的事，因此以各種的管教，一邊聖化他們，一邊成就其事。

應許的成就到了「約瑟成為拯救萬民的宰相」的這時刻，神必要用祂奇妙的方法潔淨雅各和他的家族。

　　以色列遇到最痛苦的時刻，原是神快要成全賜給他應許的時刻，也是要大大復興他們家族的時刻。以色列，當他再一次恢復了「全能神」信心的同時，那原來神一直以來親自帶領的復興和最大的復興向他顯明了。那藏在雅各和他家族裡的不信和不潔淨，原是一樣藏在每一個聖徒生命裡的屬靈問題；他們共同遇到的管教、成聖和從中所得的復興，都是我們每一個聖徒要經歷的事情。

讀經

1　那地的饑荒甚大。

　　　　神是以「救恩歷史」為中心帶領宇宙萬物。雅各家庭是神所帶領救恩歷史裡的「主角」家族。當時所發生「七年嚴重的饑荒」，都與雅各家族的成聖有著密切關係。

　　　　「要成為列邦萬民之福」的這主角家族，一直受到「敵擋神計畫者」撒但的攻擊：四個媽媽之間的爭鬥、兄弟之間的嫉妒爭鬥、想要殺害兄弟約瑟、十個兒子欺騙父親、公公猶大和媳婦他瑪之間發生的事等等。在雅各家族裡，有這許多隱而未現的罪孽要被除掉；他們家族在人際關係上要得醫治；他們必要到埃及去，在那裡有拯救者「約瑟」；透過他們家族、以色列十二支派要

啟示出來「救恩奧祕」的大計畫要成就出來。神時常與他們同在，天天成就永遠榮美的事，但他們家族看不見，卻被捆在許多矛盾掙扎裡，神要解決那些問題，要他們恢復以馬內利……

上述的這些，原是神降下「七年饑荒」的主要原因。

饑荒、事業和經濟的問題，是神對以色列民所施行四個管教之一。在我們聖徒所遇許多不如意之事裡，有些是神要「醫治、潔淨、堅固我們」的計畫，譬如，西門彼得蒙召蒙恩之前，所遇「整夜撒網，也得不著一條魚」之事。

2 他們從埃及帶來的糧食吃盡了，他們的父親就對他們說：「你們再去給我糴些糧來。」

在失去以馬內利神的狀態裡，聖徒時常會遇到這種「不夠用」的景況，那「不夠用」的景況就是神的呼召他浪子回頭的故事。

3 猶大對他說：「那人諄諄地告誡我們說：『你們的兄弟若不與你們同來，你們就不得見我的面。』

4 你若打發我們的兄弟與我們同去，我們就下去給你糴糧；

5 你若不打發他去，我們就不下去，因為那人對我們
　說：『你們的兄弟若不與你們同來，你們就不得見
　我的面。』」

　　猶大代表著兄弟們如此所說之事，原是神所安排
的，因為「猶大賣了兄弟約瑟」（參考創世記三十七章
26～27節）。猶大——乃是「耶穌基督出生」家族的祖
先，所以他和他的家族受到撒但特別的攻擊。在此，兩
次提到關於雅各必要放棄「便雅憫」的事，藉此，神要
強調「便雅憫，乃是叫雅各不能全然依靠神的阻擋，是
在雅各生命裡的偶像」，在雅各放棄便雅憫之前，他和
他家族的問題不能得解決。

6 以色列說：

　　在此，稱雅各為「以色列、勝過神的人」，是種
「諷刺」。

「你們為什麼這樣害我，告訴那人你們還有兄弟
呢？」

7 他們回答說：

　　我們要注意「他們十個兄弟一起回答」，因為賣兄
弟然後欺騙父親的罪，乃是他們共謀共犯的，所以他們

都在那罪上有共同的責任，從那罪中都要一起得潔淨，
從嫉妒兄弟的疾病中都要一起得醫治。

「那人詳細問到我們和我們的親屬，說：『你們的
父親還在嗎？你們還有兄弟嗎？』我們就按著他所
問的告訴他，焉能知道他要說『必須把你們的兄弟
帶下來』呢？」

8 猶大又對他父親以色列說：「你打發童子與我同
去，我們就起身下去，好叫我們和你，並我們的婦
人孩子，都得存活，不至於死。

　　神催迫雅各以色列家族到「叫他們面對存活問題」
的地步。雅各若不放棄「便雅憫」，他和他家族就不能
存活；聖徒若不放棄「心裡的偶像」，神就把他們催迫
到要面對存活的問題。那些藏在我們生命裡的「貪婪、
淫亂、憎恨等」的屬靈問題繼續阻擋我們親近神而蒙
恩，並使我們總有一天遇到「致命性」的問題。譬如：
那一直不離開「亞干」生命的貪財的屬靈問題，最後連
累了整個以色列敗戰，也帶來使他和他家族的滅亡（參
考約書亞記七章）。主以此警戒我們。

------

9 我為他作保；你可以從我手中追討，我若不帶他回
來交在你面前，我情願永遠擔罪。

¹⁰ 我們若沒有耽擱，如今第二次都回來了。」

那些藏在我們心靈裡的偶像和屬靈問題，是越早除掉越好；那些偶像和屬靈問題會不斷阻擋神的榮耀、能力和祝福臨到我們身上，使我們時常活在「受試探，受控告」裡。當我們除掉偶像和屬靈問題的同時，我們就能恢復神所賜的自由、平安、喜樂，也就顯出神的權柄和能力，禱告也迅速得蒙神應允，我和我家人得著神所安排蒙恩的遇見。

¹¹ 他們的父親以色列說：「若必須如此，你們就當這樣行：可以將這地土產中最好的乳香、蜂蜜、香料、沒藥、榧子、杏仁都取一點，收在器具裡，帶下去送給那人作禮物，

¹² 又要手裡加倍地帶銀子，並將歸還在你們口袋內的銀子仍帶在手裡；那或者是錯了。

¹³ 也帶著你們的兄弟，起身去見那人。

¹⁴ 但願全能的神使你們在那人面前蒙憐憫，釋放你們的那弟兄和便雅憫回來。我若喪了兒子，就喪了吧！」

雅各被神催迫到終於恢復了El Shaddai──全能神的

信仰，脫離了懼怕膽怯之心，而能將便雅憫和兒子們交託給神。

神在大大堅固信心列祖的時候，以「全能神之名和位格」顯現自己（參考創世記十七章1節，二十八章3節，三十五章11節）。我們聖徒所信仰的神——乃是全能的神；每當我們遇到使我們膽怯之事時，我們會看見愛我們的全能神掌管一切的事實。

雅各說，若喪了兒子，就喪了吧！

每當我們願意死的時候，全能神的幫助就顯現出來；我們記得以斯帖宣告「死就死吧」的時候，怎樣得勝的事在她前面被展開。當雅各如此宣告的同時，神所預備的大恩大福向他和他家族就顯明出來了；家族得醫治，約瑟回來，整個家族蒙神大恩……等的事向他們展開。

15 於是，他們拿著那禮物，又手裡加倍地帶銀子，並且帶著便雅憫，起身下到埃及，站在約瑟面前。

他們如此的進程，使我們看到：以色列家族，終於一同進到神所安排另外蒙恩蒙福時間表的光景。

1.饑荒──神給雅各家族的管教

饑荒，乃是神給雅各家族的管教；因為神在成全雅各家族的過程裡，有些屬靈問題非除掉不可。

雅各是個蒙神大愛的生命；當然他是信神的，因為他信神，所以他時常尋求神，也時常看見神愛他、幫助他、賜福與他的許多證據。但，他的信心尚未達到完全的地步，因此有些總不能放下的「偶像」在他生命裡；因為他放不下，所以每次有些情況來的時候，他就怕失去那放不下的人、財物或福氣，結果他就不安、懼怕，動腦筋動員人為的方法。

其實，他一切的問題，都是從一個問題「不信神」而來的。

他為何採取「欺騙哥哥和父親」那神不喜悅的方法來奪取「長子的名分和福分」？那是因為他不夠信神透過他母親告訴他「將來大的要服事小的」的話（參考創世記二十五章23節），也因為不夠信神的全能──在神沒有難成的事，所以在「成為長子，得著長子福分」的事上，他無法安然等候神在所安排的時間表裡最完美地成就其事，於是動員欺騙的方法。

他是要神，還是要長子名分？

有了神，還要什麼？有了神，成了次子又怎樣？

261

　　當然，他是蒙恩的生命，所以他在兩者擇一的情況中，還是會選擇「愛神、要神」的道路，但，他的信心尚未恢復完全，所以他會愛神、要神的同時，也不要失去長子的名分。

　　這樣「不完整信心」的表現在他的一生中不斷循環出現；他為何從舅舅拉班的家偷偷逃跑？在雅博渡口，當他聽到哥哥迎著他過來的消息時，為何整夜那麼的懼怕？他為何耽延「回去伯特利向神還願」的事，而要停留在示劍？在那裡遇到危機的時候，他為何那麼的懼怕？他為何那麼偏愛約瑟，而引起其他兒子們對約瑟嫉妒和憎恨？是否約瑟成了在他心中的偶像？現在，為何又那麼懼怕失去兒子便雅憫？那都是「他信神和信神應許——信得不夠」所帶來的結果。

　　因此，神的管教也一生不離開他，但在管教中神還是憐憫他，為他開路，保護引導他，忍耐等候「他能恢復完整信心」的時刻。雖然，他的生命和信心尚未恢復得完全，但神還是一邊管教、一邊成就那「為他們安排的計畫和賜給他們的應許」。

　　雅各用那種「不夠信心的生命、眼光和做法」所帶領的家庭，將各種的問題和矛盾越來越多地累積起來。利亞和拉結並兩個使女給雅各生養兒女的過程裡，常常彼此爭競；在那種母親們爭鬥之中長大的兒女們也在很多矛盾裡長大，長

子流便與父親的妾辟拉同寢的事也發生了；兒子們彼此競爭、嫉妒、控告、憎恨，其嚴重的程度達到差一點要殺害弟弟約瑟的地步；然後兒子們欺騙父親，看到父親那麼痛苦，還是忍著不把真相告訴父親。在他們那麼軟弱的情況裡，神還是經過在管教聖化他們的同時，將約瑟從他們家庭中分別出來，精煉恩膏他，使他成為埃及的宰相，以備拯救以色列家族並成為列國萬民的祝福。

然而，神在實現那永遠神聖榮耀的救恩大工上，不能用到那種「含著不信、罪孽、污穢」的家族，所以把整個以色列家族帶到埃及來的過程裡，神要潔淨、醫治他們。神所安排的方法，乃是七年極其嚴重的「饑荒」，神要用饑荒把約瑟高舉重用的同時，把尚未得潔淨的雅各家族帶到「存活的危機」。神將智慧賜給約瑟，使他步步跟從聖靈的帶領，在其過程中，使十個哥哥反省他們的罪孽，悔改而得潔淨，甚至叫他們恢復——為父親、為兄弟獻上自己性命的心；神也要雅各恢復對全能神完全的信心。

在每一個聖徒生命裡，都有「信神、信神的話——信得不完整」的屬靈問題。雖然信基督福音而重生了，信主的日子也相當久了，但總是繼續留在信得不完整的狀態裡。

他們不信神、不信神的話嗎？也不是！他們的確信神、信神的話，他們對神、對神的話的反應，的確與非信徒不一

樣。因為他們遇見了神，所以不會再拜「人所造的宗教」，不要拜偶像，不要拜鬼；也因為他們信了基督十架福音，所以能分辨黑暗和光明、罪惡和神的義、世界和天國、短暫和永遠之事的不同，也信神愛他們，也呼叫阿爸父神。那都是他們領受了聖靈洗的證據。但，他們的眼光、判斷、行事、言語尚未全然歸向神──生命主人，尚未全然歸向引導者、供應者、幫助者、負責他們未來的主。

有些聖徒甚至連一生的目標也尚未改變過來，因此得不見神的帶領，不禱告，禱告也得不著（參考雅各書四章2～3節）；他們不能勝過試探和控告，因此不能脫離「不安、懼怕、憂慮」的心靈狀態；環境情況改變，他們的心靈也隨著改變──沒有定見，因此時常像海中的波浪被風吹動翻騰。他們不能靠聖靈行事，總是靠血氣行事。若不除掉那「信得不完整」的屬靈問題，他們就無法脫離神的管教，也無法在永遠榮美的善工上蒙主使用。

聖經在我們與神關係上，以四樣惡事警戒我們（參考哥林多前書十章6～11節），說：

（1）不要試探神──疑惑神的同在和幫助。

（2）不要發怨言──不感恩。

（3）不要拜偶像──有比神更看重的。

（4）不要行姦淫──愛肉體、世界、宴樂。

在與人關係上，警戒我們「不要論斷、控告人，要愛人、憐憫人、饒恕人、服事人」，不饒恕人就不能得饒恕，禱告也無法蒙應允。

加拉太書五章19至21節列出「與聖靈相爭相敵」的情慾的事，是屬肉、屬血氣的事，也說「行這樣事的人，必不能承受神的國」。

已重生的聖徒，既便還會軟弱，也不是不能分辨，不會繼續留在那種罪惡裡！然而，若不順著聖靈而行，還是會落在那種軟弱的狀態。

這些「雖然信神，但信得不完全」的問題，都是從尚未清楚認識聖靈而來的。

神為所愛的兒女預備些難處——管教或試驗，叫他們在所遇的難處裡恢復飢渴慕義的心，尋找神，然後神將自己以「基督耶穌、神的話和聖靈」與他們同在的奧祕顯明於他們，叫他們逐漸得著更完整的信心來全然歸向神。

聖徒，是在認識神的過程裡，像雅各和他家族一樣，會遇到許多「以掃」（世人）不會遇到的問題。每當遇到些問題的時候，我們不要緊張、懼怕或難過，乃要把所遇的問題當作神另外一個的呼召，要期待進一步認識神、恢復神的新恩，安靜等候神向我們的顯明。在我們所遇的破口——主必大大安慰堅固我們，使我們蒙恩的路程進入另一蒙恩的時間

和境界裡。

2.雅各看見神引領時，他和家族得醫治

等到雅各看見全能神與他同在、保護引領他的時候，他和他家族就得了醫治，也能脫離一切的問題。

每次信心列祖失去信心而軟弱的時候，神就以全能神（El Shaddai）的名向他們顯明，來安慰、勸勉他們，堅固他們的信心。希伯來文──El Shaddai的原意，不但有「全能神」的意思，也有「與人親密相交之神」的意思。

創造並管理整個時空的全能神，謙卑自己，喜愛與人親密相交、同行。當亞伯拉罕失去信心，以人的方法透過使女夏甲生了以實瑪利之後，過了十三年，神以El Shaddai之名向他顯明，堅固他的信心。神說「我是全能的神，你當在我面前作完全人」，然後神再一次提醒賜給他和後裔的永約──叫他施行割禮，並將他和妻子的新名賜給他們，也告訴他們：明年撒拉會生兒子。經歷了這事之後，亞伯拉罕和撒拉進到另外一個蒙恩的時程表和境界裡。

以撒和雅各也都一樣，每一次當他們遇到危機的時候，他們就恢復對全能神的信心。

雅各欺騙了父親和哥哥，因此哥哥以掃就對雅各懷著殺

意；那時，以撒差派雅各到舅舅家，也祝福雅各，並堅固雅各信心的時候，他說：「願全能的神賜福給你。」（創世記二十八章3節）以後，雅各和他家遇到危機、轉捩的時候，神就一樣以El Shaddai之名向他顯明，堅固了他的信心（參考創世記三十五章11節，四十三章14節，四十八章3節）。

這一次饑荒來臨，為要得糧食，不得不將寵愛的兒子便雅憫交出來的時候，他在禱告中再一次恢復了對「El Shaddai──全能神」的信心。每當他恢復信心時，就發現原來問題並不是他以為的那問題，乃是看不見時常與他同在，保護引導幫助他，繼續成就應許的全能神。他想也沒想到以為已死的約瑟，神竟成就那麼美好的事，使他和十二個兒子成為列國萬民的祝福。

我們蒙神大愛大恩的聖徒所遇的問題，不是別的，乃是看不見從未離開我們的那位「El Shaddai──全知、全能、全在又喜愛與我們親密相交的神」。

我們看不見、聽不見祂，是因為我們尚未掌握「祂透過聖靈向我們顯明，跟我們說話」的奧祕。

聖經，以使徒們五旬節前後的不同經歷來強調「領受聖靈，認識聖靈」的重要性。他們遇見了道成肉身（以我們的樣子來到我們中間，活在我們中間）的神耶穌基督；透過耶穌基督看見了父神，聽見了父神的旨意、應許和預言。

　　他們的確信了耶穌乃是要來的那位「基督（彌賽亞）——永生神的兒子」。主說，他們能信，是因為得了天上的父透過聖靈指示的緣故（參考馬太福音十六章17節）。聽見耶穌基督所傳的福音而信之後，他們的生命的確顯出了重生之人的表現，不再跟從世界，而是跟從基督。但，五旬節經歷之前，很多時候他們仍然靠血氣行事；因此，常常叫主歎息，也聽到主責備：「你們這小信的人哪！你們信得為何如此遲鈍，你們為何疑惑了呢？」使徒們的問題，乃是「雖然信主，但信得不完全」。

　　為何信得不完全？因為在那時候，他們尚未明白「耶穌基督的十字架」，尚未經歷「耶穌基督死而復活，升天掌權，賜下聖靈來」。等到耶穌基督完成了祂在地上要完成的一切事，也等到他們完全明白了「關於基督耶穌道成肉身、死而復活、寶座掌權、召聚聖民、建立永國、再來審判、新天新地」的奧祕之後，五旬節到了，他們才明白了聖靈。

　　在此，我們特別要注意：重要的，不是他們在五旬節所經歷過的那種「從天上有響聲下來，好像一陣大風吹過，充滿了他們所坐的屋子。又有舌頭如火焰顯現出來，分開落在他們各人頭上，講出各國的話來」（參考使徒行傳二章2～4節）的屬靈經驗，乃是他們終於明白了——以馬內利神原來如何與他們同在是如同神活在耶穌基督裡一樣、什麼叫「重

生是聖靈的內住和印記」、聖靈如何二十四小時凡事上感動指教他們而顯明神的旨意，並叫他們想起神的話和耶穌基督對他們所說的一切話、他們應該如何穿上基督新人——全副軍裝，靠聖靈與神交通同行、如何在凡事上順著聖靈而行。明白了——什麼叫聖靈所賜的能力、什麼叫聖靈所結的果子、聖靈如何開啟傳福音的門路、聖靈如何感動神所揀選的子民而重生他們……等的事實。

　　我再說，重要的，不是為要證明「聖靈降臨」那發生歷史性事情而顯出來的記號，乃是成全聖靈降臨的目標，就是「使人能二十四小時凡事上能得神的旨意，跟從神，依靠神」的結果！

　　每一個聖徒領受聖靈之時所顯現的樣子各有不同，但所有聖徒都能共同經歷的，乃是「在聖靈的光照之下，聽見耶穌基督福音而信，扎心，悔改，受洗，罪得赦，領受聖靈，能得著聖靈所賜神兒女的靈，在聖靈的保護、引領、幫助之下生活——這是聖靈的印記」（參考約翰福音一章12～13節，三章5～6節；以弗所書一章13～14節；哥林多前書十二章3節；加拉太書三章2節；使徒行傳二章37～47節）。

　　凡得著聖靈的人，是只要他們親近主，主就透過聖靈親近他們（參考雅各書四章8節），向他們顯明（參考約翰福音十四章20～21節）；問主，主就透過聖靈指教他們（參

考約翰福音十四章26節）；順著聖靈而行，就能得著從天而來的智慧能力恩賜賞賜（參考雅各書一章5、17節），能活出基督榮美的生命來（參考加拉太書五章22～23節）；見證主，就能看見聖靈在聽見之人身上的作為，並且其見證主的門路被敞開到地極（參考使徒行傳一章8節）。

雅各恢復信心之後，就說「但願全能的神使你們在那人面前蒙憐憫，釋放你們的那弟兄和便雅憫回來；我若喪了兒子，就喪了吧」（參考14節）。

神一直等候雅各如此地放下自己意念的時刻；因為他交託，神才能帶領他；他依靠，神才能顯出神的能力來。

這就像兩個人被捆在一起，一人要往東走，另一人要往西走，那就哪個方向也走不了，這就是加拉太書五章17節所講的意思：「情慾和聖靈相爭，聖靈和情慾相爭，這兩個是彼此相敵，使你們不能做所願意做的。」人不能勝過聖靈，因此人不順從聖靈的時候，就發生掙扎矛盾，但人放棄自己的意念而要順從聖靈的時候，就凡事都順利並能興旺，這就是羅馬書八章6節所講的意思：「體貼肉體的，就是死；體貼聖靈的，乃是生命、平安。」

神比雅各更愛便雅憫，神照顧便雅憫比雅各照顧更安全；無人能知道一秒之後的事，惟有神才知道前面永遠的事，也知道哪一個方向、事情、福氣對我們最好。

「當將你的事交託耶和華，並依靠祂，祂就必成全。祂要使你的公義如光發出，使你的公平明如正午。」（詩篇三十七篇5～6節）人尚未信神和神的應許時，就追求自己以為好的福氣；但福氣中的福氣，原是得著「萬福之源的神」；神比我們更盼望我們能得福，所以祂盼望我們就能得著祂，帶著一切進來祂裡面，叫祂的旨意儘管運行。

在我們生命裡有什麼「緊抓而不交託的便雅憫」？

我們最怕失去的是什麼？

我們要認清那就是魔鬼在我們生命裡的把柄，同時也是神盼望我們交託給祂以換取福源的祭物。

我們要記得當亞伯拉罕將他最疼愛、並最怕失去的獨生兒子以撒——成為祭物獻給神的時候，他在那摩利亞山上，打破了仇敵的頭——而得了仇敵的城門，也發現了神早已為他預備——耶和華以勒的福分「神的羔羊——耶穌基督」，並得了神那誰也不能更改的「起誓（將必得成的證據）」。

神不但在雅各的身上，也在他永遠的產業十二個兒子身上也做了修理、潔淨、恢復的善工。

神無法使用不潔淨的器皿（生命），潔淨之後才能顯出祂的作為和能力來。神在這期間叫彼此爭競的兒子們恢復彼此憐憫的心，恢復為父親、兄弟和整個家族甘願犧牲的心。

猶大說：「我為他作保；你可以從我手中追討，我若不

帶他回來交在你面前,我情願永遠擔罪。」(創世記四十三章
9節)後來約瑟要試驗他們的時候,他又說:「現在求你容
僕人住下,替這童子作我主的奴僕,叫童子和他哥哥們一同
上去。」(創世記四十四章33節)約瑟聽到那句話的時候,
就情不自禁,放聲大哭,終於結束了他試驗哥哥們的作為,
與兄弟們親嘴,抱著他們哭,不但饒恕他們,更是安慰他們
說:「現在不要因為我賣到這裡,自憂自恨,這是神差我在
你們以先來,為要保全生命。」

他們都得了潔淨,家族恢復彼此相愛、和睦同居,一同
榮耀神、祝福萬民。雅各一生為兒女們的禱告,當他恢復信
心,將兒子們交託給向他顯明的全能神時,都蒙應允了。

3.要恢復「神與我們同在」的信心

我們要恢復「合乎愛我們的全能神與我們同在、並成全
我們的事實情況」的信心!

當雅各恢復信心,將自己的偶像、意念、懼怕──「便
雅憫」交出來,然後宣告說「願全能的神使你們在那人面前
蒙憐憫,釋放你們的那弟兄和便雅憫回來;我若喪了兒子,
就喪了吧」的時候,他們家族屬靈環境的整個情況全都改變
了,仇敵所帶來的控告和懼怕離開了他們,一直被阻擋的

「四大福音化」的善工迅速進行成就了，得蒙神恩典的門路和遇見被敞開了，極其喜樂的事等候他們了（從創世記四十三章16節開始展開的事）。

過去，雅各好幾次經歷這樣的情況。當他尚未回神叫他們回去築壇的伯特利，卻留在示劍的時候，遇到滅族的危機。那時，神顯現堅固他的信心，他和家族都除掉他們中間的外邦鬼神、潔淨自己、更換衣裳，想往伯特利去的時候，神使周圍城邑的人都甚驚懼，不敢追趕雅各的眾子。他們家族都進入了新的時間表（參考創世記三十五章1～15節）。

信心，叫我們得著聖靈的感動和引導，恢復剛強壯膽、坦然無懼的心，叫我們的眼光、看法、言行顯出神的智慧和能力，也叫我們的禱告得蒙應允。

我們一次靠信心判斷決定的事，在神所帶領救恩歷史裡帶來長久的影響，聖經藉著信心列祖、眾使徒和許多聖民的見證──證明了這事。

在我們蒙恩的日子裡，一次一次靠信心的判斷行事，就決定了一生的遇見和永遠的時光，也影響了後代、家族和許多人的生命和他們永遠的時光。特別有幾次靠信心的悔改、立志、轉捩，是將我們永遠的生命帶進完全另一時光和境界上有非常關鍵性的作用。那些決斷和變化，原都是主的聖靈在我們身上「光照、堅固信心、恩膏並賜能力」的作為；所

以，我們不要以為是自己的決斷，乃要確定「那都是神的呼召、醫治、潔淨和差派」的事實，而要看重當時在靠信心所得的神的話、應許、異象、異夢和我們對神呼召的回應。從中，我們要得著永不改變的「定見」，也要帶著那定見得見神在我過去日子的作為，並要帶著那定見和過去神為的證據，在凡事上有根有基地尋見神的旨意和帶領。

我們的生命、人際關係、生活都要回到全然信靠「EL Shaddai——那位全知、全能、全在並愛我們的三位一體真神」。

一生的目標要恢復神已告訴我們的應許和所賜關於永生神之國的異象；要得著靈眼能看見聖靈的指教和引導：

在管理健康上，要全然信靠那位「數過我們每一根頭髮和每一顆細胞，徹底照顧我們」的全知全能神。

在管理財物上，要全然信靠那位「隨時按需要豐盛供應我們，我必不至缺乏」的全知全能神。

在夫妻關係上，要全然信靠那位「活在二人中間，並叫二人成為一體，得永生基業」全知全能神的安排。雖然過程裡夫妻間會有掙扎和矛盾，但只要一方願意先背起十架，活出基督。那麼神必在他們中間做工，夫妻的關係必改變。

在生養兒女上，要全然信靠那位「透過我們親自生養他們，愛他們，也必得到從神而來百倍蒙福」全知全能神對我

們後代的應許。

在一切人際關係上，要全然信靠那位「活在我們與人的中間，我只要活出基督的愛」，鑑察人心，審判賞罰眾人的全知全能神。

在事奉上，要全然信靠那位「每天安排新事，恩膏我們，成就善工」的全知全能神，我們與祂一同受苦，必與祂一同得榮耀。

我們要隨時隨地隨事，尋求察驗愛我們的全知、全能、全在神在凡事上向我們定的美意而順從。

每天早上我們要察驗神的託付，也要得著所賜的智慧和能力，凡事上努力順著聖靈而行；然後，什麼時候我們失去平安，什麼時候我們要安靜仰望尋見愛我們的主；什麼時候我們心裡出現論斷人的現象，什麼時候要祝福那人並交託給主；什麼時候遇到困難，什麼時候我們要禱告，並且要禱告到恢復全然信靠全知、全能、全在愛我們的神！

雅各的一生，是神用來啟示成聖奧祕的答案和見證！

在他心中，有些長久不離開的不信、不滿和懼怕；在母胎裡已開始與雙胞胎的以掃爭競，一直因生來成為次子而得不著長子加倍的產業和福氣不滿，以人為欺騙方式奪取長子名分、基業和福氣，怕以掃、怕死、怕失去所愛的。

神愛他，所以到了很重要的時刻向他顯明，使他生命恢

復信心，脫離那些生來一直捆綁他的屬靈問題——魔鬼的堅固營壘，而能進入更新的境界。

我們要察看我們的生命，有沒有些總不離開我們心靈的埋怨、擔心、不滿、懼怕？那就是魔鬼叫我們不能進入蒙恩蒙福境界的阻擋，也是神在醫治我們全人，而使我們得享全備福氣上要用的工具。我們要將那些問題帶到父神面前，靠愛我的全能神的眼光來看我所埋怨、擔心、不滿、懼怕的事，不但要脫去那些捆住我的鎖鍊，更要發現神的計畫。

最近，遇到哪些問題叫我擔心憂慮？我們要安靜下來，要尋找在那些問題中仍然掌權並為我做工的全能神，也要透過那些問題，神進一步醫治我、潔淨我的生命生活。

雅各在饑荒中擔心他和家族生存的時刻，原是神大大重用他以為已死的約瑟，展開救恩大工建立永國的時間，也是神透過饑荒邀請雅各和整個家族參與榮耀善工的時刻。

我們一秒一刻也不要忘記——我們的主正坐在神寶座的右邊，掌管天上、地上的一切的事，繼續在永屬祂的聖民中步步進行並成就那「傳揚福音，召聚聖民，建立永國」的事實。我們分分秒秒要繼續「仰望為我們信心創始成終的主耶穌，放下各樣的重擔，脫去容易纏累我們的罪，存心忍耐，奔那擺在我們前頭的路程」。阿們！

第六十三章

焉知預備著
不配得的恩典？

　　約瑟見便雅憫和他們同來，就對家宰說：「將這些
人領到屋裡。要宰殺牲畜，預備筵席，因為晌午這些
人同我吃飯。」家宰就遵著約瑟的命去行，領他們進
約瑟的屋裡。他們因為被領到約瑟的屋裡，就害怕，
說：「領我們到這裡來，必是因為頭次歸還在我們口
袋裡的銀子，找我們的錯縫，下手害我們，強取我們
為奴僕，搶奪我們的驢。」他們就挨近約瑟的家宰，
在屋門口和他說話，說：「我主啊，我們頭次下來實
在是要糴糧……　　　　　　（創世記四十三章16～34節）

在創世記四十三章16至34節約瑟與十一個兄弟重逢的經文裡，我們看到神醫治以色列十二個兒子的生命和他們家庭的過程；從中會得著我們個人生命和一切人際關係得醫治的重要信息。約瑟的哥哥們，只帶著「去埃及糴糧而能糊口」那單純的想法而去了埃及，但怎麼能想到很奇妙的事一而再、再而三地繼續發生。

他們的目的只在於糊口延命，但神的意念和目的卻是遠超過他們所能想像的；神的目的就在於「醫治他們，醫治他們家庭，而能成為列邦萬民的祝福」。

神在醫治祂兒女時所用的方法，不是威脅、強迫的方法，雖然還是會有些管教，但總是採用使他們多發現「神所預備不配得的恩典」，而心被恩感地「親近、跟從、依靠神」的方法。耶穌基督的十字架，就是最明顯的證明這一點。「在我們還作罪人的時候，神獨生兒子耶穌基督為我們死，神的愛就在此向我們顯明了」（參考羅馬書五章8節）。

世人和世界的宗教則無法瞭解這奧祕，惟有蒙神揀選的神兒女才能得聖靈的光照而明白，被神愛吸引來到神的面前，而能被神醫治，也能恢復與神與人和好。「是非、懼怕、憂慮」，只能殺害人，毀壞關係，絕不能醫治人，也不能建立人際關係，惟有恩典才能顯出「醫治、造就人、使人

和睦」的能力。所以我們要多多發現神已施與我們那無窮的恩典，因為我們的家庭、教會、社會得醫治蒙神賜福，都是從那裡來。

讀經

16 約瑟見便雅憫和他們同來，就對家宰說：「將這些人領到屋裡。要宰殺牲畜，預備筵席，因為晌午這些人同我吃飯。」

　　誰能想到當雅各放下便雅憫，他的兒子們將便雅憫帶到約瑟面前的時候，看到的原來是為他們預備著的莫大恩典，誰能想到當我們已到人的盡頭，放下自己所抓住的「便雅憫」而來到神的面前時，神為我們預備的是遠超過想像的「天上、地上永恆恩典」。

　　在此想到這乃是主耶穌所講「浪子回頭」的比喻：浪子離開家，耗盡了從父親得著的一切資財，遇到饑荒，落到生不如豬的地步，就醒悟過來而思想：「我父親家有多少的雇工，口糧有餘，我倒在這裡餓死嗎？我要起來，到我父親那裡去，向他說，父親，我得罪了天，又得罪了你；從今以後，我不配稱為你的兒子，把我當作一個雇工吧！」但，他沒有想到：當他回家的時候，父親天天等候他回家，「從遠處認出兒子回來，就跑去抱著他的頸項，連連與他親嘴。又吩咐僕人說，把

那上好的袍子快拿出來給他穿，把戒指戴在他指頭上，
把鞋穿在他腳上，把那肥牛犢牽來宰了；我們可以吃喝
快樂。因為我這個兒子，是死而復活，失而又得的。」
兒子與父親的心意反差太大了，完全相反。這正如我們
悔改來到神面前的時候，我們想只因罪能得赦免而太感
謝了，但焉能知道：我們那麼懼怕的神，原來是「愛我
們，並且愛到甘願為我們捨命」的阿爸父；我們就是祂
所生所愛的兒女。

　　約瑟說「這些人同我吃飯」的話，就叫我們想起主
說：「看哪，我站在門外叩門，若有聽見我聲音就開門
的，我要進到他那裡去，我與他，他與我一同坐席。得
勝的，我要賜他在我寶座上與我同坐，就如我得了勝，
在我父的寶座上與他同坐一般。」（啟示錄三章20節）

- -

17 家宰就遵著約瑟的命去行，領他們進約瑟的屋裡。

　　約瑟就像耶穌基督，家宰就像伺候主耶穌和祂身體
「神兒女、聖民」的天使；「天使豈不都是服役的靈、
奉差遣為那將要承受救恩的人效力嗎？」（希伯來書一
章14節）「他們的使者在天上，常見我天父的面。」
（馬太福音十八章10節）我們離開身體的同時，就會看
見一生伺候的天使把我們帶到天家去。

- -

18 他們因為被領到約瑟的屋裡，就害怕，說：「領我
們到這裡來，必是因為頭次歸還在我們口袋裡的銀

子，找我們的錯縫，下手害我們，強取我們為奴
僕，搶奪我們的驢。」

「下手害我們，強取我們為奴僕，搶奪我們的
驢」？他們所想到的和事實情況完全相反？約瑟不是
要下手害他們，乃是要拯救他們；不是要強取他們為奴
僕，乃是稱他們為埃及宰相的兄弟，稱他們為列邦萬民
的祝福；不是要強奪他們的驢，乃是要給他們埃及一切
的福分，要給他們天上、地上永遠的福氣。

19 他們就挨近約瑟的家宰，在屋門口和他說話，

20 說：「我主啊，

他們的懼怕，是怕到連對家宰也叫「主啊」……

我們頭次下來實在是要糴糧。

21 後來到了住宿的地方，我們打開口袋，不料，各人
的銀子，分量足數，仍在各人的口袋內，現在我們
手裡又帶回來了。

22 另外又帶下銀子來糴糧。不知道先前誰把銀子放在
我們的口袋裡。」

　　當我們尚未明白「福音的精義和救恩的奧祕」的時候，總是要拿自己的好行為來換取「得救，得天國，得獎賞」。

　　然而，原來不是那樣。

　　我們得救原是神的恩典，得獎賞也是「蒙神的恩才得」。我們要知道：雖然行善是我們做的，但原來都是從「看見神引導的恩典，依靠神所賜的恩賜和能力」而來的。

- -

23　家宰說：「你們可以放心，不要害怕，是你們的神和你們父親的神賜給你們財寶在你們的口袋裡；你們的銀子，我早已收了。」

　　「不要懼怕」，這一句在聖經裡共出現三百六十五次，這意味著：叫我們每天不要忘記神所賜「不要懼怕」的應許和完美的保護。

　　懼怕的心，時常極為迅速出現在我們心靈裡；那事實的本身就證明了靈界的情況；我們聖民必要面對晝夜控告、攻擊我們的邪靈。要知道叫我們得勝的唯一祕訣，乃在於「恢復以馬內利神的同在」。

　　服事約瑟的家宰也蒙受了主人約瑟的恩典，因此，他的言語、表情、行事法則都顯出主人約瑟的美德。在家宰服事主人的樣子裡，我們也要學習服事主的僕人應有忠心良善的行事態度。在主耶穌家裡的人都必得蒙主的恩典，顯出主耶穌的美德「謙卑溫柔」來；真正跟隨

主耶穌的基督徒，都會如此發散基督的感化力。

他就把西緬帶出來，交給他們。

這時候，西緬和兄弟們的喜樂是會如何呢？他們想到父親因得兒子而喜樂的光景，更加喜樂；他們兄弟彼此相愛的心也必大大加增了吧。神繼續壓住約瑟想暴露真情的心，叫他一步一步跟從神帶領的目的就在此了。每當我們得著迷失的肢體時，我們也是如此與父神一同歡喜快樂。

²⁴ **家宰就領他們進約瑟的屋裡，給他們水洗腳，又給他們草料餵驢。**

他們必會感到「不敢當……」，也會感到這家真是溫暖，那麼親切。

我們也都經歷過：當我們脫離在世界罪惡裡的生活，來到教會，看到神家裡的人都那麼親切、謙卑、溫柔，唱世人不能唱的詩歌，聽到阿爸父神安慰和勸勉的信息，也聽到關於永遠的盼望和榮耀之事的信息，與弟兄姊妹一起吃喝時，有過同樣的感動。

在地上日子裡入聖會的經歷和感動，遠不如當我們進天國之時的感動。這地上我們所經歷的太陽、月亮、星星、花朵、香氣、飲食和聖徒相聚交通等的事，都是天國實況的影子，將來必會看到令我們更希奇、驚訝的光景！

25 他們就預備那禮物，等候約瑟晌午來，因為他們聽見要在那裡吃飯。

　　他們就預備了禮物；將來見主的時候，我們也要穿參加婚筵的禮服——細麻衣，我們的為人、美德也要預備好。約瑟在宮廷裡辦公，但我們可以想像他的心都傾注在要見兄弟們的事上吧？他很想快快使兄弟們知道真相，但他得壓住自己的心情，而要等候神所許可最完美的時間。

26 約瑟來到家裡，他們就把手中的禮物拿進屋去給他，又俯伏在地，向他下拜。

　　約瑟所做的第一個異夢，到如今全然得成全了。第二個夢，是等到父親和三個母親和整個家族都一起過來埃及得約瑟所帶來救恩的時候，也即將得以成全。

27 約瑟問他們好，又問：「你們的父親——就是你們所說的那老人家平安嗎？他還在嗎？」

　　這是約瑟最關注的事，他是父親的寵兒，過去二十二年晝夜想念他的父親。
　　凡蒙恩的兒女，都像約瑟一樣會孝敬父母。
　　孝敬父母，乃是一切人際關係的開始，也是人性道德的來源；孝敬父母的人，必愛生命，也必「推己及

人」而會愛別人的父母、兄弟、配偶、兒女；因此，不會「殺人，犯姦淫，偷竊，欺騙人，貪戀別人的東西」。

凡不愛父母的人，不可能愛別人，更是不可能愛看不見的神。

凡不愛父母的人，就不會愛父母生給我的兄弟姊妹，不會愛父母的兄弟姊妹（叔叔、舅舅、姑姑、姨媽）；配偶是我們生命的一半，因此，不愛妻子的，絕不會愛岳父、岳母；不愛丈夫的，也絕不會愛公公、婆婆；相反的，真心愛丈夫或妻子的人，就會主動地感恩岳父、岳母，會孝敬岳父、岳母，也必會主動愛妻子的兄弟姊妹們。這就是神所安排生命和人際關係發展的原理，按這神所定的原理和道理對待父母、兄弟、配偶、兒女、肢體、親友的人，就必得神所賜的祝福。因此，主說：孝敬父母，使你得福，是有應許的誡命。

....

28 他們回答說：「你僕人——我們的父親平安；他還在。」於是他們低頭下拜。

這時約瑟的心情會如何？何等感恩！何等想跟哥哥們說「我就是約瑟」！

....

29 約瑟舉目看見他同母的兄弟便雅憫，就說：「你們向我所說那頂小的兄弟就是這位嗎？」又說：「小兒啊，願神賜恩給你！」

　　當約瑟看到自己同父同母的弟弟時，他的心情會如何？

　　二十二年前，當他十七歲時那不過是兩、三歲的小弟弟，何等想知道弟弟長得怎樣、長大的過程又是怎樣！約瑟祝福弟弟便雅憫說：「願神賜恩給你！」這祝福都成全在便雅憫和他的後代裡了；便雅憫支派一直住在與猶大彌賽亞支派旁邊，屬於南猶大。約瑟看便雅憫的心情與眼光，就是主耶穌基督看我們的心情和眼光；主耶穌愛祂的兄弟──肢體、身體也是新婦，已到替他們捨命的程度！

------

30 約瑟愛弟之情發動，就急忙尋找可哭之地，進入自己的屋裡，哭了一場。

　　誰知道主對我們的心？誰能測量祂對我們那種長闊高深、永遠無限，無條件的大愛？

　　祂愛我們，就愛我們到底！

　　祂不但在十字架上為我們獻上代贖的祭，現在仍然坐在父神寶座右邊繼續為我們禱告。我們真正明白神的愛，是最重要的，因為那「對神愛」的信心──才能叫我們在所擁有一切的條件和關係裡，都能正確地判斷神的旨意，也能發現神那長闊高深的大愛。

------

31 他洗了臉出來，勉強隱忍，吩咐人擺飯。

他「勉強隱忍」，都為要等候神所定的時間表。

32 他們就為約瑟單擺了一席，為那些人又擺了一席，也為和約瑟同吃飯的埃及人另擺了一席，因為埃及人不可和希伯來人一同吃飯；那原是埃及人所厭惡的。

當時的埃及人，乃是大國的先進國民，在他們眼裡，希伯來人是一群「在偏僻之地，牧養的人」罷了。他們厭惡希伯來人，是因為希伯來人不但不拜埃及人所拜的神和偶像，也吃埃及人的神中之一個神——「牛」的肉。雖然，約瑟家庭不拜埃及人所拜的神，但因為那是埃及宰相的家庭，所以還是按著埃及人的方式而行。

33 約瑟使眾弟兄在他面前排列坐席，都按著長幼的次序，眾弟兄就彼此詫異。

約瑟眾弟兄心裡詫異，當他們知道了埃及宰相原是他們的兄弟約瑟時，都會非常感動吧？因為他們會發現約瑟為他們每一個人那麼細心安排的愛心和照顧。主耶穌基督對我們每一個人也是如此細心的關愛；祂造我們，愛我們，代贖我們，呼召我們，服事我們，都是如此一對一的；在主心中，我們每一個祂的肢體（新婦）都非常重要；祂絕不會籠統地以整體來愛我們，乃是獨特地愛我們每一個人，為每一個人安排獨特的條件、恩賜、使命、冠冕。主盼望我們每一個獨特的生命都能各

盡其職，並聯絡得合式而能建造最榮美的一體。沒有一人能測度主耶穌基督的豐盛。

....

³⁴約瑟把他面前的食物分出來，送給他們；但便雅憫所得的比別人多五倍。他們就飲酒，和約瑟一同宴樂。

　　約瑟之所以給便雅憫五倍的食物，當然是因為便雅憫是約瑟同父同母的兄弟；但很可能是神給他感動，叫他試驗哥哥們是否「到如今還是嫉妒兄弟」。約瑟的哥哥們來到這地步，經過管教和悔改，並且得蒙主的饒恕和所預備豐盛的恩典之後，已經得了「不再嫉妒兄弟」的生命了。約瑟和十一個兄弟不再嫉妒掙扎，彼此相愛，饒恕包容，和睦相聚，一同吃喝宴樂，享受主恩的光景何等美好！

　　這光景，就叫我們想起詩篇一百三十三篇：「看哪，弟兄和睦同居，是何等的善，何等的美。這好比那貴重的油，澆在亞倫的頭上，流到鬍鬚；又流到他的衣襟；又好比黑門的甘露，降在錫安山；因為在那裡有耶和華所命定的福，就是永遠的生命。」也想到新約時代的光景──我們打開心門迎接主耶穌，主就進來與我們一同坐席，也為我們預備宴席，與我們同吃同喝。

　　每當我們聖徒相聚一同崇拜、一同禱告、一起服事、努力傳福音的時候，主就為我們擺設所預備的宴席，與我們一同享受宴樂，也醫治、堅固、恩膏我們，

為我們敞開蒙恩的遇見，也成全祂賜給我們的心願和禱
告；我們要清楚看到這光景，也要吃喝主所賜的生命糧
食，口唱心和地讚美主。

1.不能盡享父神的恩典，是由於我們的誤解

在父神的家裡，不能盡享父神所預備豐盛的恩典，都是
由於我們的誤解。

約瑟兄弟們的心靈和眼光，與神透過約瑟為他們所預備
的恩典完全不配合！

他們原是神所揀選將來要祝福以色列民和列國萬民的
十二個祖先；以色列極其尊貴的先知、祭司、君王要從他們
而出，彌賽亞主耶穌和十二使徒從他們而來；他們的名字要
永遠被寫在聖城的十二門上。神在前面為他們所預備的恩典
是何等豐盛榮耀的呢？

在前面的記錄裡，他們所懼怕的事沒有遇到，所遇的乃
是約瑟為他們擺設的宴席；是他們和他們的父母親、妻子、
兒女，不但不因饑荒受害，反而都得蒙神的拯救，都搬到埃
及來生養眾多，而等候神所帶領極其榮耀的救恩大工。

今日的基督徒，也都是在永遠的榮耀中與他們一同蒙神

呼召尊貴的生命。何等豐盛榮耀的恩典和事情，在我們生命生活裡，也在前面的時空裡繼續展開——

（1）我們乃是神親自所生的神兒女，是神永遠的後裔（參考約翰福音一章13節；羅馬書八章15～17節）。

（2）神永遠與我們同在，也愛我們，必保護、指教、恩膏、重用我們（參考約翰福音十四章12～27節）。

（3）我們靈魂體的光景，乃是以弗所書二章6節、啟示錄四～五章、馬太福音十八章10節所講「與基督已經一同坐在天上，天使時常照顧」的實況。

（4）每當我們禱告的時候，就有啟示錄八章3至5節、但以理書十章11至14節、馬太福音十六章19節及七章7節的事發生。

（5）神藉著我們的關係、聯絡網、遇見，如以弗所書五章22節至六章9節顯現，並且天天成全「四大福音化」的應許（參考馬太福音二十八章18～20節；使徒行傳一章8節）。

（6）主耶穌很快就如帖撒羅尼迦後書四章13至18節所言再來，我們就得復活榮耀的新身體，被提，站在主面前受「得榮耀」的審判（參考哥林多後書五章10節；哥林多前書十五章51～58節）。

（7）我們會看見啟示錄二十章7至15節的成全；撒但

和一切跟從牠的罪人並一切「邪惡、污穢、哀慟和死亡」的事，都被扔在火湖裡。

（8）我們會看見啟示錄二十一章1至5節的光景；「先前的天地已經過去，海也不再有，一個新天新地、聖城新耶路撒冷由神那裡從天而降」；我們與主永遠一同住在那裡，共享福樂，做永遠的新事！我們可以想像得到那樣「主基督在我們的身上得榮耀，又在一切信的人身上顯為希奇的那日子」嗎？（參考帖撒羅尼迦後書一章10節）

然而，我們的心靈和眼光總不能與事實情況相配合；我們享受主恩的程度，也不合乎神為我們所預備的；不但不能盡享神恩，反而時常出現懼怕、憂慮、埋怨。

我們為什麼總不能脫離那樣的狀態呢？

我們信耶穌乃是唯一的救主，也信福音真理，信惟有十字架的救恩才能解決我們的一切問題，也信神所預言關於將來永遠的事必都成全的事實。但，那些在基督裡榮美的恩典和事情，總不能成為屬於我的，總不能在我的生命、條件、關係和生活裡看見，為什麼總是有一層隔膜，在恩典的實現上成為攔阻？那就是，我看我自己的眼光：「無論在哪一個方面看，都不配蒙受那樣豐盛的恩典，都配不上那樣神聖的生命」。

約瑟的哥哥們，那樣「嫉妒兄弟，要殺害兄弟，賣兄

弟，騙父親」的行事為人，的確不配成為「列國萬民的祝福和永遠聖城的神聖長老」；我們這「生來在過犯罪惡中行事為人，放縱肉體私慾而活」的人，實在不配被稱為「永屬神國聖潔的子民、君尊的祭司、基督的身體」。非等到真正明白神對我們的心意全在基督福音裡，我們都無法解除那阻擋「聖潔和恩典實現」之隔膜。因在我們心裡總有一套「不合乎神心意」的誤解，叫我們不能坦然接納神所告訴我們的事實；要等到我們真正明白神所安排的事實和神的心意時，我們才能除掉那些生來藏在我們心靈裡的誤解，而能接納神給我們神兒女神聖的身分，也能看見神所預備那從未離開過我們的豐盛恩典，而能享受並發展神恩。

神所安排的那些事實和神的心意，就是：

（1）我們之所以能成為「神聖潔的兒女、身體、聖殿和祭司」，並不是因為我們的聖潔，乃是因為「我們原來本是神所揀選、所生、所愛的祂兒女」；神必叫我們「與基督同死同復活」而能成為祂重生新造的兒女。

（2）我們不能以我們的什麼好條件或好行為來得取神的喜悅，乃要以「靈魂體、關係、生活，因信神的話，悔改，愛神愛人，順從神，依靠神」才能得神喜悅。

（3）神要給我們的祝福是包括天上、地上、永遠的福氣；那福氣已在「成了基督身體，與基督一同坐在天上，並

得了君尊祭司神聖職分」的我們身上，也在我們所擁有的條件、關係、事情裡。當我們誤解，以「世人認為」的那種福氣為神所賜的福氣時，我們就不能發現神已賜給我們那全備的福氣。

（4）神隨時隨地都與我們同在，也極盼我們能看見跟從祂而能顯出神的能力和功效來。當我們將神的同在、能力、作為、成全誤認為「超自然式經驗」的時候，我們就無法遇見以「基督道成肉身的奧祕、神的話和聖靈」顯現的神。

2.透過學習福音，漸漸恢復兒女應有的眼光

透過「學習福音，享受父神的憐憫和慈愛，並經歷屬靈爭戰和事奉」的過程，我們漸漸恢復兒女應有的心腸和眼光！

約瑟兄弟們的懼怕、憂慮，隨著家宰的伺候，也隨著得著宰相的恩待，逐漸變為平安喜樂了，漸漸發現他們的憂慮都與「他們所要遇見的事實」不配。我們每一個聖徒的一生，也是隨著多發現並多得蒙神憐憫和慈愛，而逐漸地恢復神兒女應該享受的平安、喜樂、感謝和盼望！

約瑟哥哥們生來的行事為人實在很軟弱，他們所犯的罪

惡是勝過一般世人所犯的。他們那麼軟弱的生命要成為「列國萬民的祝福、永遠聖城的長老」，必要經過成聖（得醫治、得潔淨）的過程，因為神絕不會叫那種罪魁，不經過潔淨而得著那麼尊貴榮耀的身分和職分。在他們和家庭裡遇到那麼多的矛盾、掙扎、艱難之事，也都是神為要潔淨他們而安排的。他們原是神所揀選、所生、所愛的「神聖潔的兒女」，因此，他們的一生必與世人全然不同，必要經歷「悔改、重生、成聖、恩膏而配得其神聖身分、職分」的精煉過程。

所以，神並沒有叫約瑟一下子向他們顯明「是他們的弟弟」的事實，乃是為他們安排相當漫長的時間和情況，好叫他們在過程裡經歷「內疚、扎心、悔改」而能得潔淨、得醫治。神是那樣帶領信心的祖先，今日也是一樣的帶領我們每一個「在基督裡，與他們同蒙呼召」的聖徒。

成聖的過程

我們聖徒在成聖的過程裡，必要經過如下所述的經歷：

（1）**隨著越來越看清「人的根本問題和基督救恩」的實際性**，我們就越明白：在亞當後裔中，無一人是靠著自己的好條件或行為而能得救的。藉此，我們就不會再因「自己尚未聽信福音時所想的、所做的、所說的過犯罪惡」，一直留在「內疚、自卑、自憐」的狀態裡，乃是要盡快脫離「被捆

在肉體、罪惡、撒但」的狀態，要脫離世界，要「與基督同釘十字架而得新造重生的新生命」，並且，不要再繼續靠自己而活，乃要「因信靠愛我、為我捨命，保護、引導、成全我的主基督而活」。

（２）**隨著越來越多得著「神呼召、重生、醫治我生命生活」的證據**，我們就不再因自己軟弱的條件或所遇的苦難而自卑、埋怨、灰心，而能坦然接納「我就是神聖潔、尊貴、榮耀的神兒女，帶著君尊祭司神聖使命，已得四大福音化永遠應許」的事實，並且，會努力學習「察驗、順從、依靠、交託神」的神為生活方法。

（３）**隨著越來越多經歷「神的憐憫和所預備不配得的恩典」**，我們就越來越明白「父神對兒女」的心意和做法，而能向神坦然無懼，向仇敵魔鬼剛強壯膽，向人憐憫、饒恕、寬容、祝福，因此，越來越喜愛親近神，也會享受與神親密相交，並且，越來越更清楚發現神在凡事上顯明那長闊高深的恩典，也喜愛時常潔淨自己而享受自由聖潔的生命，也越來越能掌握「靈戰得勝」的祕訣。

（４）**隨著越來越多明白「何為神所賜最大的恩賜和福氣」**，我們就不再羨慕追求「肉體、屬世、短暫」的福氣，而會追求「屬靈、屬天、永遠」的基業、恩賜和能力，也會看重神在人間賜給我獨一無二、尊貴榮耀的角色和使命，並

且忠心順服而能享受各樣美善的恩賜和全備的賞賜。每天，在任何情況裡，都會努力恢復並保持「我們的靈魂體，正活在三層天的空間和救恩大工天天得成全的榮耀時光」裡的事實情況、也會以「學習基督，活出基督，見證基督，榮耀神，拯救造就人」為目的，在凡事上能察驗到神的旨意，並且越來越會掌握「靠聖靈隨時多方禱告，純正聖靈而行」的祕訣、並且，在事奉中所遇各樣的苦難中，我們就能得享七倍的恩賜和賞賜，能得更有力的見證，也能得著更多傳福音、得門徒的門路。

（5）隨著越來越多發現「神為我預備獨特的恩賜和賞賜」和「與眾肢體聯絡而得豐盛」（約瑟兄弟們一同宴樂）的奧祕（參考以弗所書四章1～16節；詩篇一三三篇），我們就不再會與人比較、競爭，不會嫉妒或羨慕「人擁有比我更好的條件和他們的成功」，也不會驕傲或輕視別人，乃會看重神賜給我獨特的條件、使命和恩賜，不但努力擔當自己的職分，也會努力與配偶、兒女、父母、兄弟、肢體、親友聯絡得合式，而要發展主所展開的救恩善工。

3.我們也能像約瑟一樣成為聖徒

藉此，我們也像約瑟一樣，能成為「憐憫、包容、祝

福、服事眾肢體」的聖徒。

約瑟試驗哥哥們是否嫉妒便雅憫；結果看到了他們不再嫉妒，彼此相愛，共享神恩。那就是神生養他們並以各樣問題精煉他們的終極目標。為要顯明這「和好」的奧祕，神揀選的不是和睦的家庭，乃是像約瑟的家庭那種「在同父異母兄弟之間，彼此比較、嫉妒、競爭」的家庭。基督福音的能力就在於使「關係恢復」；福音叫人先與神和好（和睦），然後也與人和好，不但如此也叫人承擔起「使人與神與人和好」的負擔和使命（參考哥林多後書五章18節）。

基督福音的中心內容

（1）「沒有義人，連一個也沒有。」（羅馬書三章10節）

（2）「惟有基督在我們還作罪人的時候為我們死，神的愛就在此向我們顯明了。」（羅馬書5章8節）

（3）「人稱義是因著信，不在乎遵行律法。」（羅馬書三章28節）與基督同死、同復活而得新生命，並要與基督同活。

神以「為我們付了犧牲獨生兒子基督耶穌的代價」，向我們強烈呼籲「你們不要怕來到我面前，我何等愛你們，你們原是我的兒女」，也說「你們的罪使你們與我為仇，阻擋你們到我這裡來；罪的工價乃是死，因此你們自己不能解決你們的罪，我已經幫你們都解決了，你們過來與我和

好就好；不管你們現在的光景如何，你們就回到我面前，我
會潔淨你們，醫治你們；除非你們先得著我的愛，領受我
的真理，得著我聖靈的光照，不然你們無法得著聖潔」。凡
明白了「神那透過基督代贖所顯明的心意和慈愛」、得蒙了
那「不配得的愛和恩典」、發現了「在神愛裡才能享受的自
由和聖潔」、也喜愛繼續領受了「神的真理和聖靈的光照」
的聖徒，必會明白人都不是「要論斷批評」的對象，乃都是
「要蒙憐憫、蒙得救」的對象；他們那生來就是「內疚、論
斷、自卑、驕傲」的性情，也隨著多認識經歷福音的能力，
逐漸恢復「感恩、謙卑、溫柔、寬容」的美德；因此，他們
在家庭、教會、職場、學校裡的人際關係越來越多恢復和
睦，也能成為「和平的使者」，叫人與神、與人和好。

　　聖徒越蒙恩而成聖，就越敏銳地發現自己的罪性、軟弱
和有限，也會更清楚地發現神所賜豐盛的恩典。這就是「欠
了債越多，感恩和愛也越多」（參考路加福音七章41～47
節）及「罪在那裡顯多，恩典就更顯多」的原理（參考羅馬
書五章20節）。如此因自己所蒙受的恩典而感恩的聖徒，就
會得著越來越謙卑溫柔的生命，也會看別人「看別人比自己
強」（參考腓立比書二章3節）；看軟弱的人時，心裡會想
「若主給他賜給我的恩典，他就必比我好」，因此不但不會
論斷批評他，反而會憐憫他，為他代禱。

　　這樣蒙恩的聖徒，不會拋棄對人的盼望，深信無論哪種人，只要主施恩開啟他們的心眼，他們也都能像我一樣會蒙恩而改變的。他會看重每一個「與他同蒙呼召」的聖徒；他會明白每一個聖徒都共有「一父、一主、一靈、一洗、一體」的尊貴生命，都是蒙神大愛並活在神裡面的，也都是帶著「神賜給獨一無二極其尊貴的條件、使命和恩賜」的；因此，他就不會與人比較或競爭，乃會努力尋找「各盡其職，聯絡合式，增長基督身體」的祕訣。不但如此，他也能明白「凡自己謙卑像這小孩子的，他在天國裡就是最大的」（參考馬太福音十八章4節）與「誰願為首，就必作你們的僕人」（參考馬太福音二十章27節）的奧祕，因此，在與肢體一同配搭的時候，會喜愛謙卑，尋找謙卑服事人的方法。他會明白凡事都由神掌管，因此生命生活的目標乃在於得神的喜悅；也明白在神的幫助之下「弱就強，捨就得，輸就贏」，所以，他喜愛謙讓於人。如此蒙恩的聖徒，怎能不成為和平的使者呢？基督福音的大能，就顯現於如此與神與人的「和好、和平、和睦」裡。

　　在雅各那樣原有許多矛盾、掙扎、爭競的家庭，逐漸地恢復和好和睦的過程裡，神就大大顯明那「悔改、饒恕、包容」基督福音所帶來的大能。

～禱告～

親愛的主啊，我們因祢透過「約瑟和兄弟們相聚共享主恩」的信息，再一次安慰、醫治、堅固我們而獻上感恩。在約瑟的兄弟們尚未發現祢所預備的宏恩時，所顯現出來不安、懼怕的樣子裡，我們就看到自己的心靈和眼光，很多時候就是不合乎祢的心意而不安、懼怕、灰心的光景。祢生養我們為祢尊貴榮耀的兒女，祢愛我們，原不是因為我們有些條件或行為的緣故，乃是因為祢原來愛我們，以憐憫和慈愛生養了我們。祢為我們所預備豐盛的恩典和福氣，不只限於「世界、肉體、短暫」的，也包括「天上、地上、永遠」的福氣。祢要與我們親密相交，不只在特別的時空裡，也在隨時、隨地、凡事上；也不是要用特別的方式來交通同行，而是位格對位格之間、面對面地用真理和聖靈，也在身心靈、全人、全生命和實際生活中間。無論遇到何種情況，祢向我們所懷的意念都是賜平安的意念，不是降災禍的意念，要叫我們末後有指望！主啊，願我們所懷的意念和所看到的光景，都能合乎祢所懷的意念而看到的光景。阿們！

主啊，求祢多多指教我們、醫治我們！盼望我們能全然恢復健康的心懷意念，時常能明白祢那純真、善良、可喜悅的旨意，同時也能感受祢以可愛、憐憫、仁慈的眼光看我們的視線，感受到祢那細密照顧我們的恩手，而能享受祢所賜的平安與慈愛，也能顯出祢的聖潔和榮耀。盼望以我們所擁有的、祢所賜給兒女的條件而心滿意足，就像約瑟無論在作宰相的時候，或作奴僕、囚犯的時候，都一樣地顯明祢的智慧、能力和榮耀，我們也用祢賜給我們獨一無二、永遠尊貴的條件和恩賜來榮神益人。

盼望我們的心靈時常被祢長闊高深的大愛激勵，在任何情況裡都能盡心盡力愛祢、順從祢，也愛祢所愛的人並愛他們到底。盼望我們能多多學習主耶穌，得著主「以自己的卑微使萬民成為尊貴，以自己的貧窮使萬民成為富有，以擔當十架酷刑使萬民得救」的心，而能成為多人的安慰和祝福。願主透過這些的信息賜給我們的教訓，都能成為我們的生命、關心和凡事上的祝福。求主成全我們的心願。阿們！

國家圖書館出版品預行編目資料

創世記與我 / 李徹著. -- 初版. -- 臺北市：天恩
　出版社出版：華府基督生命堂發行, 2022.06-
　冊；　公分
　ISBN 978-986-277-337-6 (第5冊：平裝)

　1.CST: 創世記　2.CST: 聖經研究

241.211　　　　　　　　　　　111005322

造就叢書
創世記與我 ⑤

作　　　者／李　徹

企劃編審／趙素雲、鍾惠燕

執行編輯／李懷文

美術編輯／劉翊婍

發 行 者／華府基督生命堂

　　　　　Christian Life Church Of Washington DC

　　　　　網　　址：http://www.spring4life.com

出　　版／天恩出版社

　　　　　10455臺北市中山區松江路23號10樓

　　　　　郵撥帳號：10162377　天恩出版社

　　　　　電　　話：(02) 2515-3551

　　　　　傳　　真：(02) 2503-5978

　　　　　網　　址：http://www.graceph.com

　　　　　E-mail：grace@graceph.com

出版日期／2022年6月初版

登 記 證／局版臺業字第3247號

年　　度／28 27 26 25 24 23 22

刷　　次／07 06 05 04 03 02 01

ISBN 978-986-277-337-6

Printed in Taiwan.